母と子のための子育てコーチング

子育てコーチの第一人者
石谷二美枝

みらい PUBLISHING

はじめに

こんにちは、北海道№1子育てコーチの石谷二美枝です。

数ある書籍の中からこの本を手に取ってくださってありがとうございます。

この本を手に取ったあなたは、この本の何に惹かれましたか？　タイトルですか？　表紙ですか？　帯ですか？　それともなんとなく？　なんであったとしても、この本を手に取ってくださったあなたが「はじめに」を読んでくださっていることに感謝します。

私は北海道で生まれ育ち、短大を卒業後、地元のモンテッソーリ教育を取り入れたカトリック系幼稚園に教諭として勤めました。その後、短大時代に知り合った夫と23歳の時に結婚し、長女を出産するまでの期間は、幼児教室で講師として知育教育に携わっていました。長女が生まれてからの16年間は専業主婦となり、家事と育児とＰＴＡ活動に明け暮れる日々でした。

そんな私が40歳の時に、コーチングに出会い人生がガラリと変わりました。当時私は長女の通う学校のＰＴＡ役員をしていました。同じ役員仲間の土井さんは、市内の中学校でスクールカウンセラーとして働いていて、日々中学生やその親御さんの相談を受けていました。彼女から2003年の春に「これからの時代はカウンセリングで悩みを癒し、コーチングで自己実現のサポートをする時代になる」という話を聴きました。そして、札幌でコーチングの勉強ができる講座があるので一緒に行かないかと誘われたのです。私は、この時に生まれて初めて「コーチング」という言葉を聞きました。最初は、「何をコーティングするのだろう？」と思ったくらいです。せっかく誘われたのに、失礼にも放ったらかしにしていましたが、その半年後の秋、新聞の地域版に「コーチングが部下のやる気を引き出す」という記事を見つけました。記事を読んで、その時はなぜかピンと来て書かれていた講座に申し込み参加することにしました。

初めてのコーチング講座、私は会場の場所がわからず迷ってしまって、20分も遅刻してしまいました。やっとの思いで会場について、目立たぬように静かに後ろのほうに座ったと同時のタイミングで、進行役のMコーチが「今日初めてコーチングの講座に参加された方はいますか?」と尋ねられました。私は、「はい!」と挙手をし、Mコーチに促されるままに会場の前の方に出されて、クライアント役の男性の話を聴く役を仰せつかってしまったのです。

コーチングの講座に初めて参加した普通のおばさんが、若い男性の話を一生懸命聞きました。自分なりによかれと思う聴き方で聴いたつもりでした。ところが、私の次にカウンセラーという女性が話を聴くと、男性は感情豊かになり悩みを共感してもらったという安堵感を表しました。私は、カウンセラーがカウンセリングというスキルを使うと、相談者は感情を素直に表現するのだなと思いました。

次にコーチという女性が現れて、同じ男性の話を聴きました。コーチは、特別アドバイスなどはしなくて、時々質問をするだけなのに、男性は自らいろんなアイディアを出して、「これから○○をしてみようと思う」と語っていました。私は、コーチングは相談者の意識を未来に向かわせるのだなと思いました。

初めてのコーチング講座の夜に、私は今までの人生の話の聴き方やコミュニケーションは何だったのだろうと反省して、少し空しくなりました。でも、コーチングもカウンセリングも知らないのだからしょうがないとも思っていました。

実はこの講座には、半年前にコーチングに誘ってくれた役員仲間の土井さんも参加していました。土井さんは半年前からコーチング講座に通っていて、そこで知り合った、同じ町から参加している志田コーチを紹介してくれました。志田コーチは、私の家から歩いてたった5分のところに住んでいました。ご近所なので志田コーチのご自宅で3人集まってクリスマス会をしようということになりました。

クリスマス会では志田コーチのお手製のランチを食べて、お茶を飲んで、コーチングについてのお話をいろいろと伺うことができました。そして、コーチングに興味を持った私に志田コーチから「クリスマスプレゼントとして、コーチングを3回してあげる」という提案があり、私は年が明けてから志田コーチのコーチングを無料で受けることになったのです。

初回のコーチングでは、私には夢もやりたいこともなくて、夫に対する愚痴や不満ばかり言っていました。ところが、回を重ねて話していくうちに、本当はこういうことがしたかったのかもしれないと思うようになり、2004年の4月にはコーチングを本格的に学ぶことを決意していました。

そうしてその年の夏には、コーチングというコミュニケーションスキルを使って、北海道初の子育てコーチとして起業し、現在は子育てに悩むお母さんや、子どもに関わる方々へのコーチングや研修、子育てコーチ育成などを行っています。


私は年間1000人以上のお母さんにお会いし、子育てについての講演やコーチングをしています。講演会の会場でお母さん達に「子どもにどんな大人になってもらいたいですか?」と聞くと、多くの方が「幸せな人になってほしい」「自立した大人になってほしい」と答えます。

私も初等教育短大の学生の時から、子どもには『賢い人になってほしい』と考えていました。ここで言う『賢い』とは、単に勉強ができ成績がよい、知識があるということではなく、学力テストでは測れない生きる知恵のある人という意味で、今風に言うと非認知能力の高い人ということです。

具体的に言うと、

・自分のことが好き、そして、ありのままの自分を受け止め自己受容できる人
・自分と内的対話をし、肉体と心のバランスを捉えることができる人
・自分の気持ちや考えを率直に伝えることができる人
・どんな世の中でも自分で自分を幸せにできる人
・他者と協力し、他者を信頼できる人
・問題解決、創意工夫ができる人

になってほしいと願っています。

２０１４年からは受験生のコーチングも行っています。最初は知り合いから「娘が入試前に自信を無くしてしまったのでどうにかしてほしい」と頼まれてやり始めたのです。幸いにもそのお嬢さんは志望校に合格す

ることができ、気をよくした私は、今では小学4年生から高校3年生までの受験を控えている子どもとその親御さんに対してコーチングをしています。

2020年から始まる学習指導要領には、学校での学びが子ども達の生きる力となり、変化の激しい時代になっても、自ら学び考え行動し、明るい未来を実現できる人となるようにという願いが込められています。

そういった時代に、どんな大人になってほしいかという答えは1つではなく、実現へ向けての方法もたくさんあります。

コーチングの基本理念に、「答えは相手の中にある」というものがあります。

知識がある者が一方的に教えるのではなく、相手の中にある答えを見つけて、叶えていけるように導くのがコーチの役割です。

本書には、あなたの中にある「答え」を見つけて、どうやったらその「答え」を導き出し、叶えることができるのか、そのヒントを書きました。子どもだけではなくお母さん自身の、自分の生き方を振り返り、夢を叶えていけるように工夫しました。

子育てコーチングは、「子育て」と書かれているので「子どもに対するコーチング」という意味だと思われますが、私は「己育て（こそだて）」おのれ育てだと思っています。子どもに関わる人全てに知っていただきたいと思っています。

さあ、子育てコーチングの扉を開いてください。

２０２０年１月　石谷二美枝

目次

8月

9月

秋

AUTUMN

10月

冬 WINTER

春

SPRING

桜が花開き、木々が芽吹きだす春。
スタートの春、子どもの成長を感じる季節でもあります。
しかし、入園や入学など大きな環境の変化があるこの時期は、
子どもも親も心や体が不安定になりがちです。
子どものちょっとしたサインを見逃さず、見守りたいですね。
この時期は、子どもとの絆を深める時期です。

4月
1

子どもを信じて認める

私は短大生時代に、一冊の本と出合いました。平井信義著『心の基地はおかあさん』（新紀元社）という本です。若くて希望に満ちていた私は、この本を保育と子育てのバイブルにしていました。

幼稚園に勤めていた時は、実際には子育ては未経験ですので、この本からお母さんの心得をたくさん受け取りました。子どもが生まれてからは、「この本があるから大丈夫」と思えるお守りのような存在となりました。

私が最初に勤めた故郷のカトリック幼稚園のシスターからは、「先生は子ども達にとって園でのお母さんなのですよ」と教わりました。新任早々、私は4歳組38人の担任になりました。シスターのサポートはありましたが、新米先生の私には余裕がありませんでした。

子ども達はそれぞれ先生に話したいこと、見せたいものがあるのですから、それに応じるだけであっという間に一日が過ぎていきました。ベテラン先生のクラスは、落ち着いて静かに教室で活動できているのに、私のクラスはいつも賑やかで、よく言うと元気いっぱいでした。新米ですから仕事の要領も悪く、いつもバタバタしていました。

私は「なんで私のクラスだけ子ども達は先生の言うことを聴いてくれないんだろう?」と思い、新任当初は「言うことを聴かないのは園児のせいだ」と思っていました。

どうにか言うことを聴かせようと思い、大声で「静かにしなさ～い!」と言い、園児たちはそれまで以上に大きな声になっていくという、最悪のループにはまっていきました。

そこで、私はベテラン先生のクラスを観察することにしました。園で一番ベテランのT先生は、本当に優しい声で、いつも笑顔で子ども達と和やかに接しています。そしてそのクラスの子ども達も、優しい声で笑顔でお話ししています。他のクラスの先生も同様でした。見ていると、子ども達は先生の様子とうりふたつなことに気が付きました。

先生が楽しそうだと子ども達も楽しそうです。先生が迷っていると子ども達も迷ってしまうのだな～と気付きました。よく「子は親の鏡」と言いますが、「園児は先生の鏡」でもあると思いました。子ども達は、私のことをよく見ていたのです。

私は「そうか！　子どもを見ていれば、おのずと答えはわかるな～」と思うようになりました。子ども達がうるさいということは、私の声やトーンがうるさいってことだよな…と気付き、もっと落ち着いてわかりやすく話そうと、（子どもを変えるのではなく）自分を変えることにしました。そうすると、だんだんと子ども達も穏やかになり落ち着くようになったのです。

保育でも子育てでも最初にすることは、信頼関係を築くことです。園でも家庭でも同じです。

子どもが安心してそこにいられて、生活できるように、「先生は信頼できる」「お母さんは信頼できる」と子どもに感じてもらわなければ、安心して心を開いてもらえません。

私はシスターの教え通り、園にいる時間はこの子たちのお母さんになろうと思って過ごしました。

信頼関係の基盤がないところで、どんなに正しいことを言っても子どもは聞き入れてくれません。心を許せる人、信頼できる人、安心できる人と思ってもらわないといけません。ではどのようにしたら信頼関係が築けるのでしょう?

それには3つあります。子育てコーチングで一番大切にしている考え方です。

❶子どもを信じる
❷子どもを認める
❸子どもに任せる

「信頼関係」という言葉を辞書で引いてみますと「相互に信頼しあっている間柄」とありました。相互ですよ。相手に信頼される前にこちらが相手を信頼する。相手に信頼されたいなら、こちらから先に信頼することが大切なのです。

コーチングの基本理念に「相手の可能性を信じる」というものがあります。これは「自分でできるはずだ」「この子は自分で考えられるはずだ」「もともとやる気も持っているはずだ」と信じることです。こちらが信じるからこそ、相手の主体性を尊重でき、受け入れることができるのです。信じてまかせるには忍耐が必要です。しかし、お母さんが勇気を持って子どもを信じるスタンスに立った時、子どもは本来の意欲や力を開花させるように思います。

本書の後半でも書きますが、受験生コーチングをやっている時、子ども達はこちらの予想をはるかに超える発想力を持っていると感じます。私が「こんな方法もあるよ」と教えるより、子どもたちのアイデアのほうが豊かで、大人の発想では決して思い付かない、ユニークなことを言い始めます。それを「いいね」と受け止め、承認すると、子どもたちは目を輝かせてどんどんやる気になります。そして、自分で思いついたことを実践し、どんどん夢を叶えていく姿を見ていると「子ども達を、信じて認めて任せてよかった」と思います。

子どもの力を、信じて・認めて・任せてみましょう。

4月
10

子育ての北斗七星を持つ

私は、親は「子どもにこうなってほしい」「こんな大人になってほしい」という願いや希望を持っていたほうがいいと思っています。

子育てをしていると、時々「これでいいのか」と迷ったり不安になったりすることがあります。何のために今があるのか見失うことがあるのです。

そんな時に、自分の子育ての方向性を示してくれる北斗七星のような明るい星、つまり子育ての目的があれば、自分が今どこにいて、どこに向かっているのかを忘れないでいられます。

私の子育てのゴールは「どんな世の中でも自分自身で幸せになる力を身に付けた賢い人にする」ことでしたから、成績が主体なのではなく、何のために勉強するのかといったことをよく話していました。

ただ、この思いや希望は親の一方的な望みであることを忘れてはいけません。どんなに強く親が願ってもいいですが、それを子どもに無理強いしてはいけません。

ある調査によると、親子で「どんな大人になりたいか」を話す機会をもつ家庭の子は、そうでない子より学力が高いという結果が出ているそうです。

ぜひお子さんと将来について話す時間を持ってください。その際に気を付けたいポイントが3つあります。

❶どんな答えもすべて正解

「こんなことを言ったら間違ってるかな⁉」

「こんなことを言ったら笑われるかな⁉」

と気にすることなく、子どもが自分の思っていることを自由に語れて、ありのままの自分をさらけ出せる安心・安全でリラックスできる場を創り、答えを「ジャッジ」するのではなく、「どんな答えもすべて正解」という思いで受け止められる人でいましょう。

❷答えが出なくても正解

答えを考えようとしても思い付かないときもあります。まだ未熟だったり、経験値が少なかったりすると「わからない」と答える子どもも多くいます。人の脳は、質問を投げかけると自動的に答えを探し続けるという性質がありま す。たとえば、テレビで芸能人の顔を見て「この人、知っているけど、名前を思い出せない」ということがあっても、そのことをすっかり忘れた頃にお風呂の中なんかで、その人の名前をふと思い出すことがありますよね。質問した時に答えが出なくても、絶妙なタイミングで答えが出てくるのです。

「答えは既に自分の中にある。」というのがコーチングの考え方です。答えを出すことよりも、答えを考えることのほうが大切だということです。

❸答えはすべて受容する

何を言っても否定されず「そうだね」と受け止めてもらえると、大人でも心地良いですよね。子どもは、承認欲求が満たされて自己肯定感が高まります。すると、自分とは違う他者の意見や考えも「そうだね」と受け止めることができる「ゆとり」が出て、他者受容することができます。一人一人顔が違うように、答えが違って当たり前なのです。

この3つを頭において、子どもと「どんな大人になりたいか」を話し合ってみるといいですよ。

4月20

○○しなさい！と指示命令するより大事なこと

新学期が始まって、子どもの行動の遅さにイライラして、ついつい先回りしてしまう…そんなお母さんも多いのではないでしょうか？

子育て中、私が極力しないようにしていたことは、子どもに命令しないこと。「○○しなさい」「××しないで」という命令調の言葉は、できるだけ使わないようにしてきました。

特に思春期には、それまで当たり前のように学校のことや友達のことを話していたのに、パッタリと話さなくなったり、自室に閉じこもる時間が増えて、ご飯とお風呂と見たいテレビがある時しかリビングに出てこなくなったりします。

そんな時も私は「あんなに素直だった子が、どーしてこんなふうになっちゃったの⁉」と狼狽えず、それまで以上に命令形では話さないように意識しました。

思春期はホルモンのバランスが崩れて、イライラしたり、突然不機嫌になったり、本人もどうしたらいいのかわからない状態になります。

そんな時は、放っておきます。優しい無関心です。くれぐれも思春期の子どもを小さな子ども扱いしたり、指示命令したり、質問攻めにしないことです。口うるさくすると煙たがって、より一層寄り付かなくなります。

しかし、機嫌のいい時を見計らって、こちらから声をかけます。と言っても、話すのは雑談や「こういう時どうしたらいい？」といった相談にしましょう。

それに乗ってこなくても怒らないように心がけましょう。私の場合は、「聞いていればよし」というくらいの気持ちで話していました。ある意味ＢＧＭのような感じです。

ウザイ！

ダルイ！

ヤバイ！

これしか返事がなくても、何か言ったら○と喜んでいました。


子どものスケジュールを、部活や委員会活動や塾や地域の活動など、なんやかんやといっぱいにしておくことも、親のイライラ防止に効果的です。そうすれば、朝遅く起きてダラダラ過ごすこともありません。

私は高校生の娘達に、私の子ども向け講座の手伝いをよくしてもらっていました。

それから、時々1人ずつピックアップして、買い物に誘ったり、2人でランチをしたりして、それぞれとスペシャルタイムを持つようにしていました。

思春期は、時が経てば過ぎ去ってしまいます。「あら、最近ちゃんと会話ができているわ！」と気付いたら、また一歩大人になったことになります。

「思春期になったらお赤飯よ！」と、私は思春期の子どもを持つお母さんに話します。私達もこの道を通ってきたのですから、思春期になったことを喜びましょうという意味で、お赤飯と表現しています。

子どもはちゃんと成長の段階を踏んで大人になっていくのですから、じっくり見守って信じてあげてほしいなぁーと思います。

思春期の親の役割は
これからの人生のものさしづくり。

5月
5

子どもの発達を知ろう

昔は結婚前にご近所や親戚の赤ちゃんのお世話をした経験のある方も多くいましたが、最近は我が子を抱くまで赤ちゃんを抱いたことがないというお母さんが多くいらっしゃいます。さらに働く女性が増えたので、仕事が忙しく、出産前に地域で行っている母親学級などの勉強会に参加したことがないという方も多くいらっしゃいます。

私自身、幼児教育の勉強をし、幼稚園教諭をしていましたが、お母さんが24時間休むことなく子育てするということは、自分自身がそうなるまでわかりませんでした。長女を出産した直後は途方にくれました。

「こんなに泣くなんて聞いてないよ〜」って感じでした。眠くても2〜3時間おきに授乳しなければいけませんし、泣かれると辛いので、ずっと抱っこをして腱鞘炎になったこともありました。

それでも子育てを頑張れたのは、「子どもは心も体も成長し、いつまでもこの状態は続かない」という子どもの発達について、学んで知っていたからです。

市町村の子育て支援センターや保健センターなどには、子どもの発達について教えてくれる講座があり、リーフレットが配られています。ぜひ積極的に子どもの育ちについて学んで知ってください。この先どうなっていくのか想像できて、今のこの状態はその成長の過程だとわかれば、将来に希望が持てるでしょう。

私が参考にしているのは、エリク・H・エリクソンの発達課題という考え方です。

発達課題とは、「人間が健全で幸福な発達をとげるために各発達段階で達成しておかなければならない課題」であり、「次の発達段階にスムーズに移行するために、それぞれの発達段階で習得しておくべき課題がある」というものです。

0〜2歳までのお子さんは、基本的信頼を獲得するのが一番大事な心理的課題です。授乳や愛着を与えてくれる、お母さんや養育してくれる人の存在がとっても重要です。この時期に「この世はよいところだ」「自分は愛されている」という希望が根付くのです。

2〜4歳のお子さんは、自律性が心理的課題。なんでも「自分でやる〜」といいます。やってみたいのです。でも、できないこともたくさんあります。思ったようにできないのでイヤイヤ言います。いわゆるイヤイヤ期です。この時期に、自分の意思というものを獲得するのです。

4〜5歳のお子さんは、積極性が芽生え、遊びや生活面でも主導権を握りたくなります。ちょうどこの頃のお子さんは「任せてほしい」という意思を見せ始め、頼もしくなる時期です。集団での遊びもできるようになってきます。

小学生になると、勤勉になり、親の言ったことの揚げ足をとったりします。規則を守りたがる時期で、ルールに厳しくなったり、ちゃんとできないことで恥ずかしいと思う感情が芽生えてきます。

こんなふうに子どもの発達課題を知っておくと、子どもの行動の意図が明確になります。そして親がどう手助けすればよいのかもわかってくると思うのです。ここでは詳しく記していませんが、お近くの助産師さんや保健師さん、保育園の先生などから発達に関して聞く機会があれば、積極的に学んでみることをお勧めします。

ただ、子どものからだの発達や心の発達の速度は十人十色です。「○歳から○歳でこれができるようになる」と書かれているものを読み、その年齢や時期から遅れていると、とても心配するお母さんが多いです。遅れを心配する気持ちはわかりますが、これはあくまでも目安ですので、今のその段階にしっかり向き合って次に進んだほうがよいと思います。

日本には、桃の節句や端午の節句という、子どもの成長を願い祝う日がありま す。そんな日に、その子なりの「去年よりできるようになったこと」に目を向けて、成長を喜んであげたいものですね。

5月
9

ユニフォームのアップリケ事件

高1でチアリーダー部に入部した次女が、帰宅してすぐに「今日、部活で…このTシャツにチーム名のアップリケを付けてくるように言われたんだけど…」と、白いTシャツとアップリケの部品セットを私に見せながら言いました。

私は「いつまでに付ければいいの?」と聞くと「明日までに…」との返事。なんと、今日持って帰ってきたTシャツに、明日までにフェルトでチーム名のアップリケをして持たせるという難題を持って帰ってきたのです。

でも、これは私の問題ではないと思いました。娘は高校生です。高校生ならどうにかしてフェルトを図案通りに切ってアイロンで付けることができるのではないかと思い、娘に「あなたがやってみたらどう?」と尋ねました。次女は普段から手芸などをするタイプではなく、「やったことがないからできない」というのです。

やったことがないことと、できないことは別だよ、という話をして、やり方を教えるので自分で作ってみようということになりました。

まずは図案をコピーしました。コピーしたほうを図案通りに切って型紙を作るように指示。原本は残っているので、それを見ながらフェルトの裏の、熱をかけると密着するようになっている面に、型紙を裏にしておいて鉛筆でなぞり形を写す。その線の通りに切る。原本の図案をTシャツの中に入れて、透かしながら切ったパーツを置いてみる。場所が決まったら、アイロンをかける。説明には、10分くらいかかりましたが、2時間かかって娘1人で見事にアップリケを付けることができました。私は、「1人でできたね～これでどんなアップリケもできるよ」と褒めました。

翌日、でき上がったTシャツをもって学校に行き、いつも通りの時間に帰宅した娘が開口一番「今日部活にTシャツを持って行ったらね…自分で作った人、私しかいなかったんだよ～他のみんなはお母さんに作ってもらったんだって～」と少し誇らしげに言いました。

私も「あなたは2時間頑張ったもんね。これで将来子どもができた時も、幼稚園バッグのアップリケだってできちゃうね」と話したら、「私が作った物が一番綺麗にできていたんだよ～」と娘が言ったのです。

私は我が子ながらその発言に感動しました。みんながお母さんに作ってもらったことを、自分もお母さんにやってもらいたかったと羨ましがったりするのではなく、自分の作品が一番素晴らしいと思ったというところがです。こういう小さい「できた」の積み重ねで、「自分は素晴らしい」と子どもは自尊感情を育むのです。

ここでは娘が高校生の時のお話しをしました。お子さんの年齢にもよりますが、子どもができることを親が取り上げてしまっていることはありませんか？　子どもができることを、親が勝手に代わりにやってしまう場面が多くないでしょうか？

子どもがするまで待てなかったり、子どもがやってしまうより親がパパっとやってしまったほうが早いからといって、子どもが体験できたであろう成功体験を奪ってはいませんか？

今日から親がしていることを一つ手放して、子どもに任せてみてほしいと思います。

子どもの成功体験を増やしていこう。

5月
12

母の日

子どもが産まれてくる確率は、1億円の宝くじに100万回連続して当選するのと同じ確率だそうです。1回でも当選したら奇跡的なことなのに、それに連続して当選するという超奇跡的な確率で子どもは誕生します。出産という感動の大イベントを経て、初めて我が子を抱いた時、五体満足であればよい、とあなたは思ったに違いありません。健康ですくすく育ってほしいと望んだはずです。

しかし、いざ子育てを始めると、命の奇跡も感動の体験も何処へやら、毎日格闘の日々です。新生児の頃は、2~3時間おきに授乳しなければなりませんし、育児だけではなく家事もしなければならないので、時間のやりくりも大変になります。

我が家の長女は生後4か月の時、鼻水が出ているので念のためにと受診した小児科で心雑音を発見されました。その日のうちに大学病院に行くようにと言われ、そこで先天性の心臓病であると診断されました。私が子育てをスタートした時は

「心臓の悪い子を産んでしまった」という自戒の念と、娘に申し訳ない気持ちでいっぱいでした。なので、今日一日元気に暮らしたら花丸という気持ちでいました。たいていのお母さんは、子育ての方法を誰にも習うことなくお母さんになります。数ある子育て本には、あなたのお子さんのことは書かれていません。子育てはリハーサルなしの一発本番です。

母親になったら、イコール子育てができるということではないと私は思っています。見よう見まね、試行錯誤の手探り状態、子どもと付き合っていくうちに、その子の癖や傾向がわかってきます。

我が家の次女は、眠くなると私の耳を触る癖がありました。眠くなると、必ず私の耳を触るのです。これは、彼女にとって入眠の儀式みたいなものでした。

だからと言って、どの育児書にも「眠くなったら耳を触らせましょう」とは書いていないですよね。でもある時からパタッと私の耳を触らなくても眠れるようになりました。触られている時はけっこう面倒で、「早く1人で寝ないかな」と思っていましたが、その時間はあっけなく、あっという間に来ました。その子をよく見て、その子なりの、その家庭なりの育児法を見つけましょう。

母の日は、お母さんに感謝する日。
お母さんになった自分を褒める日。

5月
17

子どもをまるごと認めよう（存在承認）

私達人間はジグソーパズルの欠片（ＰＩＥＣＥ）のようなものだと想像してみてください。一つ一つ形は違い、出っ張っているところ（凸　強み・得意）もあれば、引っこんでいるところ（凹　弱み・苦手）もあります。

30代の頃の私は、自分に対しても他人に対しても、この引っこんでいるところが許せない人でした。「なんでできないんだろう〜。なんで上手くいかないんだろ〜」と、ダメなところばかりに目がいくタイプの人でした。そのくせ自分の凹んだところや弱みを見せない人でした。

ある時、ママ友とあることでトラブルが起きました。

自分の弱みを見せない私はいつでも凸でいたい自分に疲れてしまい、自律神経失調症になってしまいました。天井はグルグル回り手足は冷たくなり、挙句の果てに電車に乗ることもできなくなりました。過呼吸で倒れたこともあります。その時に「できないことはできないって言おう‼」「凸も凹もまるごと認めよう」と思うようになりました。そういう考え方をするようになってから、他人の凹が気にならなくなり、自分の凹も愛しく思えるようになりました。

そして、私の凹を誰かの凸で補ってもらえれば、相手への感謝も生まれますし、相手からも喜んでもらえることを知りました。人は誰かの役に立ちたいのです。だから、この欠片のＰＩＥＣＥが繋がると、ピースはピースでも平和のＰＥＡＣＥにもなるのです。

子どもも、全てに完ぺきではありません。どこかしら凹んだところがあるかもしれません。でもその凹んだところは個性であり長所でもあると思うのです。

子どもをまるごと認めよう。

5月
20

ファーストネームで呼び合う利点

昨年、健康維持のために近所のスポーツクラブに入会しました。そこでスタッフの人は、お客さんのことを「○○さん」とファーストネームで呼ぶのです。最近の小学校でも、先生が生徒達を『○○子さん』『○○夫くん』と呼んでいるところが多くなってきました。

ファーストネームで呼ばれると、オキシトシンが増えると言われています。オキシトシンとは、脳の下垂体後葉から分泌されるホルモンで、別名『愛情ホルモン』『幸せホルモン』『絆ホルモン』とも呼ばれています。出産や授乳行為の際に分泌されることは有名だと思います。

分娩時の子宮収縮、母乳分泌を促すなどの働きがあります。親しい者との抱擁や性行為でも増加します。

また、ストレスホルモンのコルチゾールを減らすとも言われていて、心身のストレスをブロックしてくれる効果も期待できます。

子どもの頃は下の名前で呼ばれることが多いけれど、大人になると苗字で呼ばれることが増えますよね。

できるだけ人のことは、ニックネームやあだ名より、ファーストネームで呼ぶようにすると、「私の存在を認めてもらえた」という自己存在承認も増すのではないかと思います。

名前は親からもらった最初の贈り物。

5月
30

行き渋り

連休明けや週明けは、仕事に行きたくない気分になる大人も多いでしょう。同じように子ども達も学校へ行き渋りすることがあります。そんな時は、正そうとするのではなく、子どもの気持ちをわかろうとするスタンスでいるのが得策です。

月曜日の朝

「行きたくなーい！」とお子さんが言ったら

「なんで行きたくないの？」と聴くよりも

「行きたくないよね〜〜」と共感して「何があったの？」と聴いてみてください。

そのほうが、責められている感覚が薄らぐので、話がスムーズにできることが多いです。

WHY（なぜ）よりWHAT（何が）で聴くといいです。

6月 2

褒めるツボ

褒めて育てたほうがいいのはわかっているけれど、

❶褒めるところが見つからない

❷そもそも褒められたことがないので褒め方がわからない

❸もう褒めている。これ以上どうすればいいの?

❹とっさに褒め言葉が出てこない

❺褒めるだけでいいのか心配

こんな悩みをお持ちのお母さんにおすすめしたい、ほめポイントがあります。

❶褒めるところが見つからない…というお母さんは

やって当たり前ということを見つけましょう。

例えば、

外で隣のおばさんに挨拶をした

靴を揃えて脱いだ
食事の前に自発的に手を洗った
こういった普段当たり前にやっていることを見つけて
「隣のおばさんが元気に挨拶してくれるって褒めてたよ〜」
「きちんと靴を並べているね」
「手を洗えたね」
子どもは意外と、大人でさえもできないことをきちんとやっていたりするものです。

❷褒め方がわからない…というお母さんは

がんばっていること、素敵なところ、感謝するところを褒めましょう。

褒め方がわからないというお母さんの共通点は、ご自身が褒められて育っていないという方が意外と多いこと。自分自身が母親から95点のテストも褒めてもらえず「あと5点どうするの？」と問い詰められた経験を持つ方もいます。

もちろん結果を認めて褒めることも大切ですが、結果よりもそこに至った過程や存在を認めてあげるほうが嬉しいことが多いのです。そのほうが子どもは、その先も頑張ろうという気持ちになります。

「いつも頑張っているね」

「○○ちゃんは、言葉使いがきれいだね」

「いつも早く来て手伝ってくれてありがとう」

というように、頑張っているところ、素敵なところ、感謝するところ、お子さんの存在そのものを褒める言い方がいいでしょう。

❸もう既に褒めています。これ以上どう褒めたらいいの？…というお母さんは

YOUメッセージ　↓　Iメッセージを意識しましょう。

褒め言葉の主語をYOU（あなた）ではなくI（私）になるようにして褒めましょう。例えば、上手な絵を描いた子に

「（あなたは）絵が上手！　すごい！」というより、「（私は）この絵に感動した！」と言ったほうが、自分の感情が伝わります。

「Iメッセージ」のことを私はゴロ合わせで「愛メッセージ」と言っています。

自分の気持ちを込めた「愛」を伝えると、より一層褒め言葉も素敵になります。

❹とっさに褒め言葉がでてこない…というお母さんは

自分が言われてうれしい言葉を20個覚えましょう。

人が1日に話す単語の数は、男性で約7000語、お喋りな女性は2万語も話しているそうです。こんなに喋っているのに、とっさに出てこないということは、褒め言葉を普段使っていないので言葉の引き出しに入っていないということ。なので、言葉の引き出しに無理やりでも褒め言葉を入れます。新しくインストールするようなイメージです。毎日、最低でも20個の誉め言葉を、自分自身にシャワーのように浴びせてください。毎日同じ言葉や内容でもいいのですよ。毎日自分に言い聞かせることで、いざという時に出てきやすくなります。（褒め言葉に免疫のない方はむず痒くなるかもしれませんが、慣れちゃえば大丈夫）

❺褒めるだけで大丈夫？　自信過剰な子になりませんか？…と

心配になるお母さんは、自分に自信を持ちましょう。

子どもは褒められるたびに自己肯定感が高まり、自分に自信を持つようになります。行動にも自信が持てるので、次に何かにチャレンジするという機会が増えます。褒め過ぎたからと言って高慢な子にはなりません。

そして、子どもを褒める前に、ママ自身も褒めてください。毎日ガミガミイライラしていて自己嫌悪に陥っても、今日1日、何もしなかったと空しくなっても、きっと何かをしているし、本当に何もしていなかったとしてもこうして生きていることに感謝するだけでいいのです。

こういうことの積み重ねで、褒め体質になっていきます。子育てコーチング受講生1万人で実証済みです。

褒め体質はハッピー体質。

6月
26

聴き上手になろう！

子どもが学校や幼稚園で嫌なことがあって愚痴を言ったとき、あなたはどんな返事をしますか？

ここでは「**友達と喧嘩**」して泣いて帰ってきたという事例にします。

パターン①「そんなことくらいでメソメソしないの〜。もっと強くならなくっちゃこれからの世の中渡っていけないわよ！」↓こちら側の**答えを押し付ける**
パターン②「どうしたの？　誰にやられたの？　いつから？　先生には言ったの？」↓矢継ぎ早に**尋問**
パターン③「社会に出たら、もっと大変なことがあるんだから我慢しないといけないわよ」↓**説教**
パターン④「泣いてばっかりいると標的にされるよ」↓**脅す**
などなど…。

ついつい言ってしまいそうになりますが、もしもあなたがママ友とわだかまりがあって、それを友人に話したときに、友人から同様の態度を取られたらどんな気持ちになりますか？

「わかってないな〜〜」

「正論はいらない！」

「そういうことじゃないんだよな〜」

「そんな考えしかできないのか」

一方的な押し付けや尋問、説教や脅し、同情やごまかしがほしくて話しているわけではないですよね？

もちろん正しいことも大事だとは思います。ですが「わかろうとしてくれる姿勢」が一番欲しいのではないでしょうか？

子どもの話を正そうとするより、気持ちを汲んで理解していく聴きかたのほうが、子どもの気持ちは落ち着き、自分の非も認めたり、解決策が出てきたりするものです。

まずはじっくりと、話を遮らずに聴いてみましょう〜。

聴く時のポイント

「聴く」は子育てコーチングの中で最も重要なスキルです。

聞く…受動的・門の前に兵隊さんが立って聞くともなしに聞いているという意味です。

聴く…能動的・耳と十の目と心と書きますね。全身で聴くという意味です。

話している事柄だけを聴くのではなく、その言葉の奥にある感情や言葉にできない思いをも聴き取り、本当は何が起きているのかに注意しましょう。相手に興味を持って聞きましょう。

❶心から聴く…会話のキャッチボールやオウム返しをする。思い込みを捨てる、頭の中は空っぽにする

❷状況・環境…話しやすい雰囲気、態度、声

❸沈黙…………上手な沈黙は相手の思考を手助けする

❹促す…………あいづちはテクニックより心です。接続表現「そして」「それから」「ところで」「他には」「もっと聴かせて」

くていいのよ、というメッセージを伝え続けてしまうことになるな〜と思い直しました。

そこで、お嬢さんがまた「キーッ！」となった時、心の中で「またか〜」と思いながらも、「できるできる！」「毎日頑張ってるね〜」「ここまでひっかけられたんだね」「前はここまでできなかったじゃん」「お〜〜っ！」っと、少し大げさに励まし続けました。

５歳になり、シートベルトを自分で装着できる回数が増えていきました。お母さんの大げさな声掛けもなくなり、そんなこともすっかり忘れた頃のこと。ある時ふと「そういえば最近キーッてなってないな」と気づきました。そして、お嬢さんに聞いてみました。

「シートベルト、もう自分で毎回できるようになったね〜。なんでできるようになったと思う？」

お母さんは「頑張ったから」とか「上手になったから」などの言葉が返ってくるんだろうと予想していましたが、お嬢さんはこう言ったのです。

「お母さんが『あきらめなければできるようになる』って言ったから」

お母さんはびっくりするやら、感動するやら、運転しながら何度もフロントミラー越しに後部座席にいるお嬢さんの顔を見ながら２人で笑い合いました。

お嬢さんが小さい頃は、「私は母親になる資格がない」と私に言

→ 58 ページへ

Episode 1
自分でシートベルトを留められるようになった理由

旭川に住むＳさんは、８歳の女の子と５歳の男の子のお素敵なお母さん。Ｓさんのお嬢さんは、０歳の頃から何でも自分でやりたがるお子さんでした。お母さんから「やりなさい」「頑張りなさい」と言った事がほとんどない子でした。

逆に、ストップをかけるとギャーッ！と泣くので、１～２歳の頃まではとにかくできる範囲で自由にやらせて、お母さんのほうが後をついてまわっていた、そんな親子関係でした。

４歳になった時、車のジュニアシートのシートベルトを自分でしたいと言い出しました。右肩からシートの突起にひっかけて穴にカチャンと音がするまで引っ張りながらベルトを入れる。これがなかなか難しかったようで、いつも朝から不機嫌になります。

「できないー！」

お母さんも余裕のない時はつられて「何さー！　面倒くさいね」「できないんだからやらなきゃいいしょ」なんてやりとりになったりしていました。

でもある時、こんな声掛けでは、いつまでたってもできるようにならないし、あなたはできない子なのよ、なにもしなっていたＳさん。今は「お母さんって、なんて素敵なお仕事なのだろう。こんなに満たされる役割ってない！」と、心から思えるようになったのだそうです。

子どもの可能性を信じて、そのままの存在を認めて、任せてみる。子どもと関わる上で、大切な思いを忘れずにいたいものです。

夏

SUMMER

夏は、気温が高く湿気も多いのでジメジメムシムシしています。
それでなくても家事や育児にイライラするのに、ましてやこの暑さ。
大人も子どもも夏を元気に乗り切るために
どのようなことに注意すればいいでしょう？
暑い時期だからこそ、
いろんなことにチャレンジできる季節でもあります。
子ども達が楽しみにしている夏休みに、
親子で普段やらないことに挑戦したり、
いろんな経験をしてみましょう。

7月
5

自己基盤を整えよう

やりたいことがあるのに、気になることがあったり、体調が優れなかったりして、身が入らないということはありませんか？　普段は怒らず対処できることなのに、感情のコントロールが効かないときはありませんか？

子育てコーチングをしていますと、参加者の皆さんから「スキルやテクニックを教えてください」と言われます。どのような声掛けや質問をしたらいいか、というスキルやテクニックは、単なる道具です。ハサミや包丁のようなものです。よい道具のほうが使い勝手がいいのは確かですね。そのための道具の手入れは必要ですが、それ以上に、その道具を使う人のマインドや在り方、コンディションのほうが重要なのです。使う人のマインドや在り方が乱れていれば、その道具はただの武器にしかならないからです。なので、子育てコーチングを使う時は、自分の周囲を整えるようになさってください。このような、自分の心身や周辺を整えることを「自己基盤を整える」といいます。

自己基盤が弱っていると

・感情のコントロールができない

・良い発想が生まれない

・成果につながらない・・・・

といった現象として現れます。

自己基盤を整えると

・感情のコントロールができる

・良い発想が生まれる

・成果につながる

という結果が出てきます。

自分がよい状態でいると結果が勝手についてくるのです。自己基盤を確認するためのチェックリストを載せますので、カテゴリーごとに未完了なことや、気がかりなことを書き出してみてください。

チェックリスト

□ 1、環境
□ 2、健康
□ 3、仕事・キャリア
□ 4、経済状態
□ 5、人間関係
□ 6、精神的安定
□ 7、精神的成長
□ 8、楽しみやレクリエーション
□ 9、コミュニケーション
□ 10、その他

チェックリスト「環境」を具体的に見てみましょう。

□家の中はきちんと整理をされていますか?
□生活をしていて心地いいと感じますか?
□脱いだ靴は揃えていますか?
□家の鍵や車の鍵などは決まった場所に置くようにしていますか?
□探し物で時間をとられていませんか?

本当に基本的なことなのですが、環境を整備すると家族が気持ちよく暮らせ、無駄なガミガミイライラが減ることになり、精神衛生がよくなります。

この10個のカテゴリーの中で未完了なことを書きだし、1個ずつ完了させるように意識すると、自己基盤が強化されていきます。その結果、子育てコーチングの成果につながっていくのです。

賢い子どもに育てるためにも、家庭の環境を整え、お母さん自身の健康管理もしっかりと心がけ、時には余暇を楽しみ、自分のやりたいことをする時間を持つことは有益です。

最近では、楽しくお片付けのできる講座や、家に来て片付けてくれるサービスもあります。まずは、すぐにできそうなところからトライしてみましょう。

無理はせずに毎日1個ずつ「今日はこれを完了させるぞ！」「今日はこれに取り掛かるぞ！」と、完了させる習慣を持つと楽しくなります。そしてこれを継続していくと、自分は自分との約束を守る人としてインプットされ、自己肯定感が高まっていきます。自己基盤を整えることで、自己肯定感や自己信頼感も高くなります。本当に小さな一歩の積み重ねが大事なのです。

自分のスキルやテクニックを磨くことも大事ですが、まずは、自己基盤を整えることから始めましょう。

身の回りを整えましょう。

7月
15

賢い子を育む環境

夏休みになると
❶子どもが朝起きない
❷子どもがゲームばかりで宿題をしない
❸子どもがだらだらと過ごす
❹子どものために3食作らなくちゃならない
お母さん達はイライラが募って大噴火寸前になります。そうならないように、日ごろから子どもの心を満たしてあげるように心がけましょう。

子どもの心を満たす6つのコツ

❶子どもの話を100%聞く
子どもが話しかけてきたらいったん手を止めて、子どものほうを向いて、どん

なにくだらない話でも、子どもの話を100%聴きましょう。

これは意外と効果があります。中途半端に話を聴くより、3分でいいのでしっかり向き合って話を聴いてあげたほうが、短時間で話が済みますし、子どもも満足して、自発的にお手伝いをしたり勉強したりする子が多くなります。

❷いいところをI(愛)メッセージで伝える

欠けたところや間違ったところではなく、できたところや上手くいったところを見つけて、すかさず褒める。(6月2日参照)

❸なんで？(WHY)の質問↓なに？(WHAT)の質問に変換する

「なんで宿題しないの？」と言いたいところをグッとこらえて「何からできそう？」「いま困っていることは何かな？」「ママに手伝えることは何？」に変換するようにしましょう。

❹子どもがやろうとしたことをサポートして成就させる

子どもに失敗させたくないと考えているお母さんはとても多いです。しかし、失敗を経験することで学ぶことも多いというのも知っていますよね。ですから、お母さんが子どもの代わりになんでもやってしまってはいけません。できるだけ子どもができる形に整え、子どもに成功体験を積ませるようにしましょう。

❺子どもに触れる（抱っこ・タッチケア・大きな子にはハイタッチ）

幼いうちは抱っこしたりハグしたりする機会も多いです。しかし、小学生の高学年ごろからだんだんと触れ合うことが少なくなっていきますね。思春期になっても、子どもにちゃんと触れてあげるようにしましょう。

❻お母さんの心も満たしましょう

お母さん自身の心に余裕がないと、不満や不安が募りイライラの原因になります。お母さんの心が元気になる「心のサプリ」を処方して、お母さん自身のご機嫌を取りましょう。

環境を作る

本を読む子に育てたければ、居間に本を置きましょう、と言われています。

次女が年長さんの時です。数年ぶりに、赤ちゃんの頃から仲良しのSちゃんのお家に、次女1人でお泊りに行ったことがありました。Sちゃんのお母さんは中学校の国語の先生をしていて、お父さんはフリーライターをしています。Sちゃんの下には2つ年下の弟もいます。

楽しく遊んで、夕食後にフルーツを食べて、みんなで好きな本を読むことになったそうです。次女は、同い年のSちゃんが自分は見たこともない「字がいっぱい書いてある本」をすらすらと読んでいた、とお泊り会から帰ってきて私に報告してくれました。それはそれは衝撃的だったようで、その夜に知恵熱を出したほどでした。

卓球の福原愛選手は、ご両親ともに卓球の選手で、ご自宅で卓球教室をしていたそうです。サッカーの中田英寿選手は、お兄さんの影響で8歳からサッカーを始めたそうです。他にも、著名なスポーツ選手の競技のきっかけは、その競技が身近にあったということが多いようです。

ピアニストの牛田智大さんも3歳からピアノを始め、将棋の藤井聡太さんも、5歳の時におばあさんから将棋のおもちゃを貰ったことが将棋を始めるきっかけだそうです。

何でもかんでも与えればいいというわけではありませんが、本がなければ本が読めないように、いろんなことを知るきっかけを、大人が作ってあげるというのは大事なことです。

夏休みなどの長期休みに、いろんな体験をすることで、その子の「好き」を見つけることができます。「好き」がたくさんあれば、選択肢も増えます。自発的に「これやってみたい」と言ったときには、体験させてあげてください。

子どもの好きなことを増やそう。

7月
26

質問で答えを広げよう

質問には、良い質問と悪い質問があります。

ここであなたに質問です。

「やろうと思っていて、していないことは何ですか？」

ダイエット、クローゼットの整理など、なんでもＯＫです。ここでは「子どもの写真の整理」にしておきますね。

では、それに対して
「なんでできないの？」と質問してみてください。なんて答えましたか？

「だって時間がないんだもの…」「結構溜まってしまって、どこから手をつけたらいいのかわからない」などなど、もっともらしい理由が出てきましたね。

さらに今の答えに
「なんで時間がないの？」「なんで溜まってしまったの？」と質問してください。

どんな気持ちになりましたか？

多くのお母さんがこのワークを体験すると「責められている感じがする」「余計にやる気がなくなる」という感想を持ちます。

そうなんです。この「なんで（Why）」から始まる質問は、尋問や詰問になりやすい質問なんです。

これは方程式のようなもので、「なんで」と「否定文」をくっつけて「なんで○○しなかったの？」「なんで○○できなかったの？」になると、言い訳や理由を生む質問になります。気持ちが下向きになって、やる気が出ませんよね。やる気を出してもらいたいのに、やる気をなくしてしまう質問をしていませんか？

では今度は、同じ「子どもの写真の整理」という案件に対して
「どのようにしたらできますか？」という質問に答えてください。
「次の夫の休みの時に子どもを見てもらって、少しずつ片付けようかな」
「一度には無理だけど、今年の分だけでもアルバムに貼ろうかな」というように、「どのように（How）」の質問になると、なにかしらの解決策や方法を答えられたのではないでしょうか？

そうなんです。「どのように」の質問は、解決策や方法を生み出します。
そして、さらにその答えが具体的になるように
「次のご主人のお休みは、いつになりますか？（When）」
「写真を貼るアルバムはありますか？　どこで買いますか？（Where）」というように、いつ（When）、どこ（Where）、誰（Who）、どんな（What）を使って具体的にしていきます。

こうお話しすると「なんで」の質問がとっても悪いように感じてしまうと思いますが、そうではなくて「なんで」に組み合わせる言葉を変えると良い質問になります。

「なんで」にプラスする言葉は「よい言葉」「未来形の言葉」がよいです。

例えば、「なんで100点取れたの？」「なんでうまくいったの？」というようにうまくできたことにすると、成功した理由や方法を答えることになります。それを答えることで、「この方法は自分に合っているかもしれない」と気付くことにもなります。

未来形の言葉をプラスすると「なんで経済学者になりたいの？」「なぜ医療を目指しているの？」と質問すれば、未来に対する目的や志を答えることになります。

質問の仕方によって答えは変わってくるのです。面白いと思いませんか？

私が出向く学校などで、講演前にあらかじめ聴きたいことをアンケートにとると必ず上位になるのが「子どもが言い訳ばかりします。どうすればいいですか？」というものです。

私は、「相手を変えようとする前に、自分の質問の仕方を変えてみませんか」とお話しします。

もしかしたら、子どもに理由や言い訳を言わせてしまう質問ばかりをしているかもしれませんよ。相手を変えようとするより、自分が変えられそうなことから始めてみましょう。

よい質問をしましょうとは言いません。最初は、自分の質問のパターンに気付きましょう。自分の質問のパターンに気が付くと、なぜか自然とよい質問をしたくなるようです。

質問には「自分のための質問」と「相手のための質問」があります。

「自分のための質問」は、自分が知りたい質問のことです。

自分が疑問に思っていること、知らないことを知るための質問です。普通に会話をするのであれば楽しい質問です。

でも、子育てコーチングでは、子どもにとって気付きになるような「子どものための質問」をするようにお伝えしています。

例えば、「その時どう感じたの？」「同じことが起きたら次はどうしたい？」など、子どもが考えて答えることで考えがまとまったら、新しい発想が生まれる場合があります。

「この質問は相手のための質問になっていたかな？」という視点で、自分の質問の癖を観察してみてください。

自分の質問の癖を観察してみよう。

8月
3

受験コーチング①

5年ほど前、知り合いから一通のメールが来ました。

高校3年生のお嬢さんが、大学進学のために高校で面接の模擬練習をしたけれど、先生からダメ出しをたくさんもらって、自信喪失してしまいました。「このままでは合格どころか面接もうまくいくかわからないので、どうにかしてほしい」と頼まれました。

私は、そのお嬢さんに私の事務所に来てもらい、お茶を飲みながら2時間ほどお喋りしました。学校でのことや、部活のこと家族のこと、将来のことなどを話してもらいました。話を聴いていると、彼女のよさがたくさんわかりました。

ちょうど雪の季節だったので「今、学校のない日は何をしているの?」と尋ねると「近所のおばあさんのお宅の雪かきをしている」と彼女は答えました。

私が、「それっておばあさんに頼まれてしているの?」と尋ねたら

「いいえ、おばあさんは高齢なので大変そうだな~と思って自分から始めた」と

言うのです。

「それってすごくいいことだね」と認めると、とてもいい笑顔を見せてくれました。今話した内容をもとに、面接の自己PR文を考えてみようか、ということになり、1週間後にまた会う約束をしました。

翌週、自分のPR文を作ってきてくれた彼女とまた2時間ほどお茶を飲みながら、お話ししました。1週間前とは別人のように自信をもって自己PR文を読んでくれました。

数日後、大学の試験がありました。そして、めでたく合格しました。

こんな経緯で、今では受験生本人と親御さんへのコーチングも行うようになったのです。

受験コーチングってどんな内容？

ここからは、受験生のコーチングで私がどんなことを聴いているか、どんなことに気を付けているかをお伝えしたいと思います。

受験生ご本人へのコーチングの初回は、基本的に面談で行うようにしています。初回の子ども達は、緊張していますす。現在は、小学4年生から高校3年生までのお子さんとかかわっていますが、小さいお子さんであればあるほど、電話やテレビ電話よりも、顔を直に見てちゃんとお話しを聞いたほうが、信頼関係が築けると感じています。

「石谷さんてどんなおばさんなのだろう?」「なにを聞かれるのだろう?」と不安なままだと本音を話せないでしょうし、リラックスしてもらえないでしょう。

初対面では私も緊張しますが、コーチングマインドにのっとって「相手を100%信じる」スタンスで臨みます。

親御さんに連れられたお子さんと待ち合わせのカフェで会うと、最初に私から自己紹介をします。

「子育てコーチの石谷二美枝です。今日は来てくれてありがとう」

とあいさつをします。高校生のお子さんなら名刺を渡す時もあります。名刺をもらった高校生はびっくりした顔をしますが、私はあなたを1人の人として尊重しますという意味合いを込めてお渡しします。

そうすると、子ども達も名前や学校名、趣味、部活、アルバイトの事などきちんと話してくださいます。

「今日は、受験のためのコーチングなのだけど、志望校はどこにしたの？」と聞けば、自分で決めている子もいれば、親からこの学校に進めばいいんじゃないの？と言われている子どももいて、どちらも全肯定して受け止めます。

「そうなんだね〜」と。

「で、その先この学校に合格したらどうしたいの？」と質問します。志望校合格が目標なのではなく、人生の目標と言ったら大げさかもしれませんが、どんな大人になりたいのかという話をします。

ここでは、実現可能なことでも、実現不可能なことでも何でも話していいという前提で話してもらいます。子ども達は、枠がなければ本当に自由に自分の未来を想像することができます。素晴らしい感性だといつも思います。

大きな人生の目標を話した後、「じゃあ受験の話に戻るけど、どうしようか？」と聞けば、「こういう仕事をしたい」と決めている子には、この学校がいいかな〜

とアドバイス。「ちょっとわからない」と言えば、「誰が受験校を決める手助けしてくれるかな」と聞いて、「進路の先生に聞いてみる」とか、「先輩に相談する」などの答えが返ってきます。私からは「こうしたら？」という提案やアイデアを与えなくても、自分で考えて答えを見つけてくれるのです。本当に素晴らしいんです。

話した内容は、親御さんには言わない約束をするので、本当に思ったことをどんどん話してくれる子が多く、60分後にはとても仲よくなります。

話した内容は、1枚のシートにして渡しますが、「これを親に見せてもいいし、見せなくてもいいよ。今日のお話の記録として渡すからね」と言うと、何人かは親に見られたら恥ずかしいのでいりませんと言って、持って帰りません。

そして、「今日は話してみてどうだった？」と聞くと、ほぼ全員「自分がこんなことを考えているなんて思っていなかった」と言うのです。ある高校生は「頭の中では考えていたけれど、言葉にして誰かに話したことはなかった」と教えてくれました。きっと周りの大人たちは、良かれと思っていろいろと話をしてあげることはあっても、十分に子どもの話を聴くことがなかったのではないかな〜と思うのです。

2回目のコーチングからは、電話で行います。前回の終了時に決めた、小さな目標ができたかできなかったかを聴いたり、今の課題を聴いたり、この1カ月を振り返ります。

そして、次のコーチングまでに何をどうするかを自分で決めます。月に1回ですが、自分の話を遮らずに聴いてくれるコーチの存在は、親や先生とは違う癒しであったりエネルギーの補給の場であるようにと心がけています。

ありがたいことに今のところ、志望校合格率100％です。

子どもの夢を全肯定して聞いてみよう。

8月
15

ご先祖様に感謝をする

「お盆って何?」「なんでお盆にお墓参りをするの?」と、子どもに問われたら、あなたはきちんと答えてあげられますか? 夏休みの終わりに、ちょっぴり渋い行事ですが、とっても大事な日本の行事です。お盆の意味を子どもたちに伝えていきましょう。

お盆とは一部の地域を除き、8月13日から16日までの4日間を言います。13日に迎え火を焚いてご先祖様をお招きし、お家にご先祖様の霊をお迎えして一緒に過ごし、16日に送り火を焚いて帰っていただきます。「お盆」とはお皿の上に分けると書きますね。家族でご飯を分け合い、語らい、みんなに感謝する日です。

会ったことはないですけれど、ご先祖様は何百、何千人いるでしょう。自分、お父さんとお母さん、おじいさんとおばあさん、そのまたおじいさんとおばあさん…気が遠くなるほどの多くの命のリレーの末に、この自分が誕生しているのです。その歴史の中には、大地震や洪水などの自然災害や戦があったはずです。その波乱の世の荒波を乗り越えて、ご先祖様が子孫を残してきたから、いま私たちは生きて暮らしていられるのです。

1日でも、1時間でもいいので、会ったことのないご先祖様に手を合わせ、子孫の命を残してくれたことに感謝をしましょう。

そして、「自分も自分の命を大切にすること、未来の命も大切につないでいくこと」をお話ししてほしいです。

命の大切さを伝えよう。

8月
28

甘えさせると甘やかす

先日、こんなご相談がありました。

「我が家にはおやつ箱と言って、小袋のお菓子が入っている箱がありまして、毎日3つだけ食べていい約束になっています。しかし、昨日は4歳の娘が3つ食べた後、もっと食べたいと言い出し、普段家に居ない夫が『それなら一緒に買いに行こう』と言って、買いに行ってしまったんです。これって甘やかしですよね？」

確かに、1日に食べられるお菓子は小袋3つと決めているのに、もっと食べたいと言う子どもの言葉を受けてお父さんが買いに行っちゃうのは、甘やかしと言えば甘やかしです。

この議題についてほかのお母さんたちからも意見が出ました。

・不在がちの父親と一緒に買い物に行くということだけで考えれば、単に甘やかしとは言えないのではないだろうか。

・父子の時間というふうに考えれば、子どもの心を満たすことになるのではないか。
・甘えさせると甘やかしの境界線はケースバイケース

何でも必要以上に与えることは、物への感謝も薄らぎますし、買ってくれて当然という気持ちにもなりそうです。しかし、物を与えることを甘やかしと決めつけてしまうと、それも違うと思います。

例えば、子どもが思春期になって口数が減ってきても、様子を見ていると何か変と感じることがあります。そんな時、私は子どもの好物を作るようにしていました。長女は、幼いころから卵ボーロが大好きな子でした。中学生になって口数は減りましたが、帰宅した時の態度を見れば、「何かあったかな？」と察することができます。そんな時は、娘の部屋の机の上に大好物の卵ボーロを置いておきます。娘はそれをボリボリ食べながら、学校での出来事を自己完結していたようでした。

機嫌が直ったら、食事の時間に学校での嫌な出来事や腹が立ったことなども喋ってスッキリします。そんなことが、1回や2回ではありませんでした。この時に、物を与えることを甘やかしと定義付けてしまったら、思春期の頃の長女は、どうなっていたかな？と思います。

甘やかしとは、主体が親側にあります。甘えさせるは、主体が子ども側です。親の都合で物を与えたり、べたべた触れたりするのは甘やかしです。

2歳くらいまでは子どもの要求にできるだけ応じたほうが、基本的信頼を獲得できるのでいいと言われています。3歳くらいからは、ルールを決めてあげるといいでしょう。

以前、ファイナンシャルプランナーの方のお小遣い講座を共催したことがありました。その方が言うには、「お金の使い方の教育の出発点は物を大事にする心」だとおっしゃっていました。

当たり前のように物が与えられると、それが普通になって、感謝できなくなります。「壊れてもまた買ってもらえばいいや～」ということになりかねません。

甘えさせると甘やかし。この子の将来、どうなってほしいのかを考えて、「今すべきことは何だろう？」と自分に問うてみるようにしましょう。今、自分は甘やかしているのか、甘えさせているのかを区別するようにすることが大事です。

子どもの心が満たされたのかを考えて。

9月1

子どもの習い事

長女が小学4年生の時、突然「ママはいろんなことにチャレンジするのはいいんだけど、なぜ最後までやらないの？」と言い出したことがあります。この言葉を言われた時は、正直ドキッとしました。夫の転勤先である神戸に住んでいた時のことです。専業主婦だった私は、子ども達が学校へ行っている間に、習い事をいくつかしていました。

ドールハウス（粘土細工の教室）、トールペイント、木工教室、パン教室、市の体育館で開催していたトランポリン教室など、地域のそれを得意とするお母さんがお教室を開いていたので、私はその中から興味があって、尚且つあまりお金のかからないものを選んではちょくちょく習いに行っていました。

お金はあまりかけたくないですが、絵の具や筆などの画材や道具はだんだん増えていきます。娘は、作品も道具もどんどん増えていく様子を子どもながらに見ていたのだと思います。ママはいったい何のために習い事をしているのだろうと思ったのかもしれません。

私は、子ども達が幼稚園の頃から、いろいろと習い事をさせていました。リトミックやピアノ、バレエ、書道、英語、夏休みには水泳の短期講習、冬休みはスキー教室などです。そのたびに「これができるまで頑張ろう！」「何段まで頑張る?」と、何かしらの「目標を持ってやろうね」と子ども達には話していたのに、長女の一言で自分の習い事にはなんの目標もなかったことに気付かされました。

長女が幼稚園児の頃、近所の元幼稚園の先生が音楽教室をしていて、幼稚園のお友達もたくさん通っていたので、本人の希望もあって通わせていました。同時期に、親の私が習わせたかったバレエにも行かせることにしました。幼稚園児に2つの習い事です。

バレエは年に1回、市内で洋舞の発表の場があったので、それに向けて練習をしていました。通常は週1回の練習でしたが、本番が近くなると練習は回数が増えました。送迎に手がかかるだけではなく、発表会のための衣装作りも、母親達の仕事でした。家族一丸となって発表会に向けて団結しないといけませんでした。とにかく娘の習い事には、何かしらの目標や目的があったわけです。

でも私の習い事には、こんな作品が作りたいとか、このレベルまでやってみたいといった目標が全くありませんでした。習い事の目的は、ママ友さんとの交流。私は、仲間外れにならないようにしていたのです。

日々目標に向かって頑張っていた小学4年生からすれば、お気楽に見えたのかもしれません。

子育てコーチングの仕事をしていると、多くのお母さん方から習い事についての質問が多く寄せられます。

「どんな習い事がいいですか？」

「どの時期から習わせたらいいですか？」

「最近習い事に行きたがらないのですが、どうすればいいですか？」

というような内容です。

私は、その子に合っていれば、何を習わせてもいいと思います。最初は体験講座に参加したり、見学に行っていろいろと体験させてみるのがいいでしょう。年齢が小さい時は、親が引率しないと通えないので、送迎などは家族の負担になることを覚悟しなければなりません。

子どもの意思や親の希望であっても、子どもの「これが好き」を上手に見つけてあげるようにサポートしましょう。

どっちにしても私は習い始めよりも、終わらせ方が重要だと思います。どんな習い事も、ある程度までで終わりがあります。どんな終わらせ方をしたかによって、その子の自己肯定感が変わるように感じるからです。できるだけ、目標や目的が成就するように、成功体験が積めるように配慮したいものです。

ある時夫の転勤で、長女は音楽教室もバレエも辞めざるを得ない状態になりました。移転先で似たような教室を親子で探しました。子どもの「好きなこと」を親の都合で奪うのはどうかと思ったからです。

逆に、子どものやる気が失せたとき「練習しないなら辞めさせるよ！」という言葉を言ってしまいそうになりますが、あなた自身がそう言われた時どう感じるか考えてみてください。実は、私も言いそうになりました。

そんな時こそコーチングの出番です。子どもの話を遮らずにじっくりと聞いてあげましょう。

習い事の目標の決め方

例えば、水泳を習うことにしたとしましょう。

子どもの現在の実力から考えて、「潜れるようになる」「バタ足で泳げるようになる」「息継ぎができるようになる」「クロールができるようになる」「クロールで25メートル泳げるようになる」と評価がしやすいものもあります。

逆に、バレエなどの芸術は評価がしにくい面があります。「楽しく踊る」「みんなと揃えて踊る」「お客さんの前で笑顔で踊る」といった目標は、本人の自己基準になりがちです。それでも、「何のために踊るのか」という目的は決めていたほうがいいと思います。「仲間と協力することを覚えよう」「小さい人を助けてあげよう」――なんでもいいのです。

レッスンを見学していると、小さい子ほどお母さんのほうを振り返りよく見ます。「私のこと（僕のこと）見ていてくれているかな～」というような表情でアイコンタクトをとってきます。

「上手にできたでしょ！」というような顔をするときもあります。そんな時に、お母さんと目が合うと本当にニコッとすることがありますね。

結果も大事ですが、何事も日々の練習や準備が大事です。お母さんに認めてもらえることで、「自分はこれでいいのだ」と自己肯定感も上がりますよ。

子どもの習い事は親も楽しめるように関わろう。

9月
24

可能性を見つける質問をしよう

以前、高校生と将来についての話をしていたら「なりたいものと、なれるものって違いますよね？」と質問されました。私は「えっ？」と耳を疑いました。「誰かがそう言っていたんですか？」と聞くと「お父さんがそう言っています」と答えられました。

なりたいものとなれるものは違うといえば違うかもしれないけれど、まだ高校1年生の彼女からこんな言葉が飛び出てきて、私はショックでした。私くらいの年齢の人が言うならまだしも、高校生なら時間も学習の余地もあります。そんな若い時から可能性を狭めるようなことを言わなくてもいいのでは？と私は思っています。

自分の可能性について尋ねると「そんなものないです」と答える若者が多いと聞きます。小学生までは「夢を語ること」にためらいがないようですが、中高生くらいになると「現実離れしていて恥ずかしい」と思うようなんです。

中高生と話をしていると共通点があります。それは、普段から普通に自然にやっていることは「自分の強みでも可能性でも何でもない」と思っている子が多いということです。

特に頑張らなくてもできちゃうことは「強み」「可能性」ではないと感じているようなんです。

前出の彼女に話を続けました。

・高校での部活は何をしていますか？
・そこでの役割で楽しいと思うことは何ですか？
・お家ではどんな時間の使い方をしていますか？
・学校の登下校の時間、電車の中で何をしていますか？
・今までやったアルバイトの中で楽しかったことは何ですか？
・もっと小さかった頃、どんな遊びをしていることが多かったですか？
・自分の性格をどう思いますか？

というような話をしていったら、どうやら彼女は人前に出て自分の意見や表現をすることが好きだということがわかりました。

・じゃあ何でも叶うとしたらどんな仕事がしたい？
・他には？
・その仕事の本当のやりがいってどこにあるだろう？
と話していくと、最初は声を使うアナウンサーや声優になりたいと言っていた彼女が、教師っていうのも表現して導くという点ではいいかもしれない、と言い出しました。
・まだ時間はあるので、今できることは何ですか？
・あなたの出身校からその職業になった人っているかな？
・10年後どうなっていたら最高ですか？
と聞いていくうちに、彼女は「私にもできることがあるんですね」と言って最初よりも笑顔になり、少し自信を持ったような雰囲気すら感じました。

大人の社会通念で子どもの可能性に制限をかけずに可能性を見つける質問の仕方をしてみましょう。

どんな大人になりたいですか？

で抜けたりアシストしたり、とっても楽しそうな息子を見ることができました。

終わると「楽しかったー」と戻ってきたけれど、少し時間が経つとまた「でも〜やりたくない」と言い始めました。そこで、お母さんはA君に「最後まで頑張って走ってカッコよかったよ。2年生は体は大きいかもしれないけど、Aはサッカーすごく上手だったよ！　ドリブルでかわしたりシュートしたりできたじゃない！」と伝えたところ、何か吹っ切れたような表情をしました。

しかし翌週、案の定「やっぱり行きたくない…」と表情の優れないA君。練習が始まる時に「Aなら大丈夫！　やっておいで！」と送り出し、しぶしぶ3週間ぶりに練習に参加しました。

サッカーのコーチも「来てくれて嬉しかったよ〜」と言ってくれて、最後までニコニコ楽しく練習を終えることができました。

負けず嫌いな息子にとって、「最後まで頑張って走ってカッコよかったよ。2年生は体は大きいかもしれないけど、Aはサッカーすごく上手だったよ！　ドリブルでかわしたりシュートしたりできたじゃない！」は、魔法の言葉だったのだと思いました。

Episode2
おかあさんの魔法の言葉

幼稚園の頃からサッカーを習っているＡ君。４月に小学生になり、サッカーのクラスも小学生クラスになりましたが、「できない！やりたくない！」と泣くことが増えました。

小学生クラスになって、仲よくしていたお友達がいなくなって心細くなり、少し体の大きい２年生にパワーで負けて、膝を何回も擦りむいて痛い思いをしてしまって、彼はすっかり心が折れてしまいました。

Ａ君が「もう嫌だ！」と泣いても、お母さんは無理強いせず、ここまで続けてこられたこと、泣きながらでも見学できたこと、自分でコーチに見学しますと言えたことを褒めて、どうしたらサッカーできるかなと問いかけました。

すると「また痛いのは嫌だ」「２年生が怖い！」「疲れる‼」とぽつりぽつりと話してくれました。

「春休み中はサッカーもお休みだったし体力も落ち気味だと思うよ」と慰め、「入学して新生活で慣れていないから、疲れるのも当然だよ」「慣れてきたら大丈夫になるよ！」と励まし、気持ちが楽になるような提案もしました。

そうして３週間ぶりに試合に出たとき、２年生相手にドリブル

秋

AUTUMN

人のからだは植物のようだと言われています。
春には水分をため込んで蕾や葉っぱを作ります。
夏には日の光をたくさん浴びてエネルギーを蓄えます。
秋には冬に備えて細胞から水分を抜き、冬には身を固くして春を待ちます。
子どもの心も同じように太陽や水や栄養が必要です。
秋は子育ての充実期。子どもとゆっくり景色を見ながら散歩をしたり、
秋の夜長に絵本の読み聞かせをしたり。
いつもとは違った道を通って新しい発見をしたり。
秋って、なんだか時間の流れがゆっくりな感じがしませんか？

10月
10

無理をせずに体を整えよう

平成12年（2000年）に体育の日が10月の第2月曜日に変わりました。でも、私の中では「体育の日」は10月10日という気持ちがあります。というのも、私の父の誕生日が10月10日なのです。だから、体育の日は父自身、そして父としたスポーツの記憶と重なり合っています。

我が家の茶の間の壁には、父が若い頃に行ったスキー場の三角形のペナントがたくさん貼られていました。父は、若い頃からスキーやテニスをたしなみ、スキーは2級。スポーツが得意な人でした。

私はというと、運動神経は鈍いほうでした。でも、父に連れられてスキーだけはよくやっていたので、学生の頃は他の競技はダメだったけれど、スキーだけは成績がよくて得意でした。

父は60歳を過ぎてからも、孫娘達にスキーを教えてくれました。孫を自分の両足のスキーの間に立たせて、抱え込むような格好で上手に滑っていました。

テニスをテーマにしたテレビアニメが流行った時は、テニスラケットを買ってくれて、父が勤めていた会社のテニスコートでテニスのまねごとをしたりもしていました。

現在86歳の父は、体調のいい日には階段の上り下りをしたり、エアロバイクを漕いだり、筋トレをしています。58歳の夫よりよっぽどトレーニングをしています。

心と体は密接に繋がっています。心を整えると同時に体を整えることは大切です。子育て中は自分の体について無頓着になりがちですが、そんな時だからこそ、お母さん自身の体を整える時間を少しでも持ちましょう。

運動と食事と睡眠。

私は何度もジム通いにトライしてみたのですが、続いた試しがありません。わざわざ行く、というのが苦手なので、家でストレッチをするとか、駅まで歩く、自転車を使うなどを心がけています。私は生活の中に運動を組み込まないと続けられないと最近気付きました。

食事もできるだけ手作りのものを食べるようにしています。「できるだけ」というのがミソです。手作りをしなければならないと思うとストレスになるので、「できるだけ」でいいんです。私は仕事柄、昼食は外食が多くなってしまいます。コンビニのお弁当を食べることもあります。そんな時は心がけて、その後に帳尻合わせに野菜をたっぷり使った料理を作って食べるようにしています。

子育て中のお母さんにぜひやってほしいことは、お母さん自身の好物を子どもと食べることです。子育て中は子どもの好きなものを作りがちですが、だからこそ週に1回くらいは大人が好きなものを食べる日があってもいいと思っています。子どもが大きくなってから「お母さんが好きだった食べ物」を思い出すのって素敵だと思うのです。

そして何より、睡眠が一番大事です。現代人は、慢性的な睡眠不足だと言われています。寝つきが悪い、質のよい睡眠が得られない、睡眠時間が短いなどの状態が続くと、疲労も取れにくくなりますし、うつ病などの精神疾患にもなりやすくなります。また、脳や認知機能にも影響を及ぼすという研究結果があります。

子育て中は、子どもや夫に、そして自分に対してイライラします。その原因の一つは、睡眠不足だと思います。子育て中こそたっぷり寝てください。

自分のからだを労わろう。

10月
13

いいとこメガネをかけよう

友人のY子さんは、「ウチの子（B君）は落ち着きがなくていつもチョロチョロしている～！　もっと落ち着いてくれないかな～」と話しています。

私は、「B君は元気があって明るくて快活でいい子だよ～」とリフレーミングします。

リフレーミングとは、ある出来事や物事を、今の見方とは違った見方や意味付けをすることで、肯定的な気分や感情に変えることです。

人は状況を、自分なりの意味付けをして見たり判断したりします。自分の都合で解釈しているのです。だから、B君自体は変わらないのに、どの視点から見るかによって、B君を表現する言葉が変わってきます。対象者（物）をどう見るかは、見ている人の価値観と関連しています。

Y子さんは「落ち着きのない子」という視点、私は「元気な子」という視点。実は対象物（人）が問題なのでなくて、見ている側の「どう見てしまうか」が問題なのです。

このことは、人とコミュニケーションをとる時に、とても大切な考え方です。人は、いろんな経験をし、それぞれの価値観を持っています。自分の価値観に当てはまらない人には、なんとなく苦手意識を持ってしまったり、付き合いにくいな～と思ってしまうことがあると思います。

ですが、自分の価値観の枠を外してみると、「あ～この人ってこんな考え方するんだ～面白いな～」となることもあります。要するに、受け取り手の問題ということですね。自分の価値観一辺倒になるのではなくて、枠を外して考えたり、見たりしてみることが大事なのです。

受け取り手の価値観によるのであれば、せっかくですからポジティブな方向に枠を付け替えましょう。例えば、「口うるさい人」↓「きめ細かいところに気が付く人」というように。よいところが見えるメガネをかけるように、物事を見るのです。「いいとこメガネ」をかけましょう。このメガネをかけると、子ども達のよいところがクローズアップして見えてきます！　そして自分自身のよいところも見えてきますよ。毎日がより楽しくなってしまいますね。

リフレーミングをしてみよう。

10月
23

心のコップを満たす

子どもが2人、3人と複数いると、親としては平等に育てたいと思います。上

の子にも下の子にも同じように愛情を注ごうとします。それはとてもいいことだと思うのですが、私は子育て中のある時、ふとこんな絵が頭の中に浮かんできました。

ここにコップが3つあります。

1つめのコップは長女の心のコップです。大きさは、中くらい。

2つめのコップは、次女の妹の心のコップです。大きさは、1つめのコップの2倍くらいの大きさ。

3つめのコップは、末っ子の妹の心のコップです。大きさは、1つめのコップの半分の大きさ。

コップの大きさの違いは、個性の違いだと思ってくださいね。この3つのコップに、平等に愛情を注ぐということは、同じ量を注ぐということではありません。同じ量ではコップの大きさに対して平等ではなくなりますし、与えるタイミングも違うんじゃないかと考えたわけです。

2つめのコップは、容量が多いので何度も注ぐか、いっぺんに大量に注がないといけません。

これは、心のコップです。目に見えないのです。手のかかる子、駄々をこねる子は、このコップが満たされていない状態なのではないのかと思います。

そう考えると、手のかかる子は「今、心のコップが空っぽです」というアピールをしているわけですね。アピールできる子はわかりやすくていいです。アピールすれば心のコップにいくらかは愛情を注いでもらえますからね。でも、容量が多い子の場合は、ちょっとやそっとじゃなかなか満タンにはならないのです。親も、こんなに相手をしてあげているのにまだ駄々をこねるのかと、うんざりすることもあるでしょう。それでも、満タンになるまで付き合うのです。

実はそういう子より、心のコップが空っぽでも自分からアピールできない子のほうが心配です。アピールしないから、親も満タンだと過信してしまうのです。でも実は心のコップが空っぽの子は、弱音を吐かないしっかり者さんが多いです。

だから、親は子どもの心のコップの状態をよく見ないといけません。

「今は足りているかな〜」

「空っぽになっていないかな〜」と子どもをよく見ると、心のコップの状態が見えてきます。

でもね、一番最初に満タンにする必要のあるコップがあります。それは、親であるあなたの心のコップです。あなたの心のコップが、愛情で満タンになっていれば、子どものコップに注ぐことができます。

「魔法の質問」を主宰するマツダミヒロさんの「シャンパンタワーの法則」をご存じでしょうか。そこでも同じようなことを言っています。

シャンパンタワーは、結婚式やお祝いの席などで、シャンパングラスのタワーのてっぺんからシャンパンを注いで、全てのグラスにシャンパンを入れるというセレモニーです。

一番てっぺんのグラスを自分だとします。その下が家族、そのまた下が、友人知人・同僚。その下が、お客様。このタワーの一番上にある自分のグラスを満たせば、自然にシャンパンは上から下へと流れ、全てのグラスが満たされます。

家族のために身を尽くしているのに、何か報われない感じがしたり、「こんなにしてあげているのに」という気持ちになっていませんか？　自分のコップを満たしていないのに、困っているお友達や同僚のお世話をしたり、お客様第一と言って家族との時間をないがしろにしていませんか？　それでは自分自身が枯渇してしまいます。そうならないためにも、まずは自分のコップから満たしてくださいね。

このシャンパンタワーの法則は、誰もが持っているものですから、例えば私のシャンパンタワーの時の私は一番上ですが、娘のシャンパンタワーの時、私は2段目になります。

意味、わかりますか？　人それぞれ、自分のシャンパンタワーの一番上は自分だということです。そして、誰かのシャンパンタワーの2段目や3段目になるわけです。要は、世の中のみんなが自分のグラスを満タンにすれば、人に優しくなれるし、平和になれるということです。

グラスとコップの違いこそあれ、自分のコップを満たすことが一番大事だという話でした。

あなたのコップも誰かに愛情を注いでもらっている事に感謝し、いつの日か自分の内側から、チョコレートファウンテンのように、愛とエネルギーが湧き出てくるようになるといいなと思います。

自分のコップから満たそう。

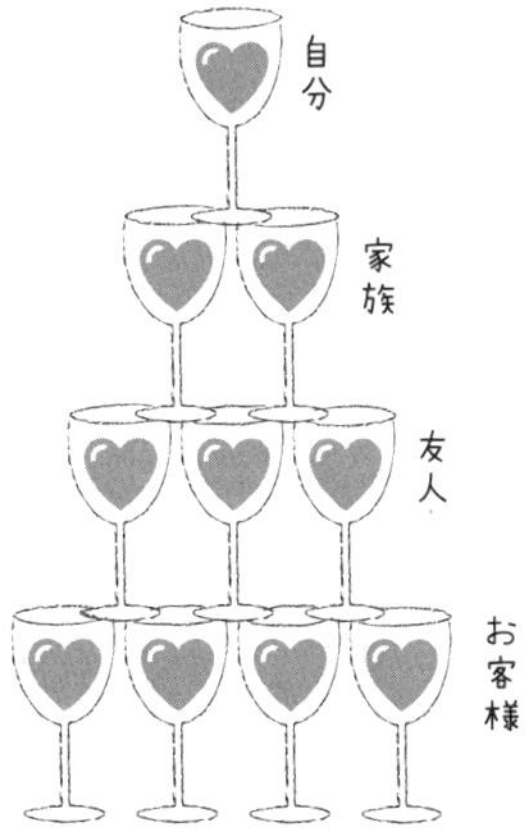

11月
1

触れることの大切さ

子育てコーチングの講座には、乳幼児期のお子さんのお母さんはもちろん、思春期のお子さんのお母さんも参加されます。年齢によって子どもへの対応は変わっていきますが、基本的なところは共通しています。

それは、「**認めること・信じること・そして触れ合うこと**」です。

ある時、中学3年生の男の子のお母さんが参加されました。息子さんが思春期になり、どう対応していくのがいいのやら…と、戸惑うことが多くなり、意を決して参加されたのでした。誰でもそうだと思いますが、15年間お母さん業をしていても、「15歳の子どものお母さんをする」のは初めての経験、18歳であろうと20歳であろうと、「その年齢のお子さんのお母さんをするのは初めて」なんです。毎年、お母さん歴を更新して、お母さんの経験値が増えていきます。

しかし、初めてのことには戸惑いがあります。

そのお母さんも15歳の息子のお母さんは初めての経験です。

その日の講座で私は「子どもを抱っこしてみよう」という宿題を出しました。お子さんの年齢に関係なく、みんなに同じ宿題を出しました。

そのお母さんは、「中学3年生にもなった息子を抱っこするなんて、なんと言ったらいいだろう？」とすごく考えたそうです。

お母さんは、あるアイデアを思い付きました。息子さんに「実験なんだけど…抱っこをすると元気になるホルモンが出るんだって、ちょっと実験を手伝ってくれないかな？」と声をかけたんだそうです。息子さんは、「1人では抱っこができないこと」「宿題であること」を考慮して、宿題に渋々応じてくれました。

15歳になって、親よりも体が大きくなった息子を抱っこしたお母さん。「随分大きくなったな~。あんなに小さかったのに。いつ以来だろう、抱っこをするなんて」と、走馬灯のように息子の成長の場面を思い出して感動したんだそうです。

そんな宿題を終えて、息子さんに変化がありました。いろいろと学校での話をするようになったというのです。

私は、触れ合うことはお互いの存在を認めること、そして、愛を伝えることになるのだと思います。ですから大きくなっても、できる範囲で触れ合うことは大切です。

私は地元で、ベビーマッサージのセラピストとしても活動しています。ベビーマッサージの資格を取るときに、神聖ローマ帝国フリードリヒ2世の実験という話を学びました。その実験とは、こういうものでした。

フリードリヒ2世は自らが多言語を話せたことから、『言葉を教わらないで育った子どもはどんな言葉を話すのか』という疑問を持ち、50人の赤ちゃんを集め実験を行ったそうです。

実験は、赤ちゃんに対して栄養（食事）を与え、清潔を保ち、排泄物の処理だけを行い、話しかけることや触れ合うことをせず機械的に育てることを徹底するという内容でした。

その結果、この50人の赤ちゃんは、1年も経たない間に全員亡くなってしまったというのです。恐ろしい実験ですね。

この実験は、言葉をどのようにして獲得するのかということを目的としていましたが、触れ合いや言葉かけが、人の健全な成長には欠かせないということが分かった実験です。

話を元に戻します。子育てコーチングの講座では、子どもを抱っこしましょうという宿題を出します。その時に、私がお母さんを1人ずつ抱っこします。

これが意外と大変なんですが、これをやらないと抱っこされる側の気持ちを理解してもらえないので、頑張ってお母さんを全員抱っこします。

ある期で、お母さんを抱っこしたら、「抱っこされるってこんなに気持ちがいいんですね」「だから子どもが抱っこしてって言うんですね」「抱っこされるとあったかい気持ちになりますね」と言いながら、子どもの気持ちがわかったと言い、自分もこのように抱っこしてほしかったことを思い出したかのように、次々とお母さん方が泣きだしました。

触れ合うことは、生きることに密接に繋がっています。あなたの存在そのものを大切に扱ってくれるという行為です。

ただ、触れ合いに慣れていない、苦手な子どももいます。そんな子どもには、心を込めて言葉をかけ、触れても大丈夫なところから触れるようにしましょう。

大切な人と触れ合おう。

11月
18

受験コーチング②

中学1年生のY君は、挨拶がしっかりできる明るくて元気な男の子です。お母さんに連れられて受験コーチングに来てくれました。

受験コーチングは、話した内容を私から親御さんには報告しないということにしています。本人が話したい場合は、本人から親に話すことにしてもらっています。

Y君に「受験コーチングに来てくれてありがとう。何か気になっていることはあるのかな?」と聴くと、「クラスの中で何か浮いたような感覚がある」という悩みを話してくれました。

Y君に「どんな時にそう感じるのか?」「どうなっていたら最高な状態といえるかな?」「なにから始められそうかな?」などといろいろと質問して、答えをY君自身が導き出していきました。今回の受験コーチングの目標は受験のことより先に「自分に自信を持って生活したい」というものになりました。

そこで私は、「自分に自信を持って生活するために毎日習慣にして欲しいメンタルトレーニングのエクササイズ」を3つ提案しました。

❶朝、5分間「今日1日どんなふうに過ごしたいか、理想の状態を想像」してもらう。

❷時間があるときでいいのでセルフイメージを上げる呪文のようなアファメーションを考えてそれをつぶやいてもらう。

❸入浴中か寝る前に、今日1日の「よかったこと」と「ありがとう」と言いたいことを思い出しながら深呼吸をする。

この3つです。

彼は毎日この3つのエクササイズに取り組みました。取り組んで1カ月ほどたった時のセッションで、開口一番「先生（彼は私のことをそう呼びます）！ありがとうございます。最近、クラスの中で浮いた感じがしなくなりました。というより、友達ができました」と報告してくれました。

それから半年ほど経って会った時も、真面目な彼は毎日エクササイズをしていたと話していました。そして、最近は勉強に意欲的になってきたと話してくれたのです。

少し話が飛びますが、2015年、国立青少年教育振興機構は、高校生に対して「自分はダメな人間だと思うことがあるか」を聞く調査をしました。それによると、日本の高校生は「自分のことをダメだと思うことがある」と7割が答えていると言います。次いで高いのは、中国の56・4％。米国45・1％、韓国35・2％と続きます。

また、東京大学社会科学研究所とベネッセ教育総合研究所は、「自分のよいところが何かを言うことができる」という問いに、肯定するか否定するかで学習に対する意欲や行動がどう異なるかを分析した調査をしました。この調査では、性別や学年を問わず、また、学業成績を問わず、「自分のよいところが何かを言うことができる」と答えたグループのほうが「勉強が好き」と回答することがわかりました。たとえば、高校生で「勉強が好き」と答える比率は、「肯定群」43・0％に対して、「否定群」29・7％でした。

つまり、自己肯定感の高いほうが学習意欲も高くなるという傾向があるのです。

受験コーチングでは、自己肯定感やセルフイメージをアップするような関わり方をするようにしています。

「なんで勉強しないんだ！」

「こんなんじゃ、どこの学校も合格できないぞ！」

「○○（職業）になりたいなら、もっとこうしないとだめ！」

といった叱咤激励的な助言よりも、

「なりたい状況を具体的に想像してみよう」

「○○高校に入ったら、どんな生活をしたいかな」

「将来、この職業につくために、今できることはなんだろう？」

「次の定期テストまでに、何を克服できたら最高？」

というような質問をします。

コーチングの基本的理念に、「答えは相手の中にすでにある」というものがあります。受験コーチングも基本的にはその考えのもと行っていますが、ときどき私からもアイデアを提供したり、リクエストをするようにしています。わからない問題をいくら考えても、結局わからず時間ばかりかかってしまうので、「こんな方法もあるよ」と提示をするのです。

子どもがそれを採用するかどうかは、相手次第にしています。採用されない場合でも、「こちらからよいアイデアを提示したのに、なんでやらないんだろう？」とは考えず、「じゃあこのアイデアから新たなアイデアを生んでみようか？」と一緒に考えます。

話をY君に戻しましょう。Y君も苦手科目を克服するのに、いろんな方法を考え出しました。上手くいかなかったことは省察して、よりよい方法を考え出すようにします。その時も、話を十分に聴きます。表面的なことだけではなく、うまくいかなかったことの根本の原因を見つけて、もっとよくするにはどうする？と質問していきます。

人は誰かの助言より、自分で考えた方法のほうを実行する傾向があります。そして、自分で考えたことを実行し成果を出す経験によって、より一層自分に自信を持つことになります。

モンテッソーリ教育の開発者であるマリア・モンテッソーリの言葉に、「わたしが1人でできるように手伝ってください！」という言葉があります。私の大好きな言葉です。これは、乳幼児期の子どもを持つ親や教師に向けて発している言葉ですが、教育・育児の主役はあくまでも子どもであり、子どもの年齢が違っていても「子ども自身ができる」という感覚を持つことが大切だということです。

誰かにやらされている、親や教師の言いなりになるのではなく、自分で考えて行動することが大事なのです。だけど100％本人ができないものもあるので、そこは親が手伝うというスタンスで整えてあげます。

受験が終わった子ども達に話を聴くと、100％に近い子どもが「親に感謝している」と言います。「自分も勉強を頑張ったけれど、塾の送り迎えなどをお母さんが頑張ってくれた」「悩んだ時に話をちゃんと聴いてくれた」と言っています。そして、「親にはそんなこと恥ずかしくて言えない」とも言います。言葉にしなくとも、子ども達には親心は伝わっているのだな〜と感じる瞬間です。

子ども自身が解決できる形に変えよう。

11月
27

自分の感情を丁寧に扱う

子育てコーチングの生徒Kさんから、こんなメールを貰いました。
「初めての子育てで、毎日子どもにダメダメと怒鳴っていた自分が嫌で、母として失格だと落ち込んで、毎日のように泣いて、子どもを産んでよかったのか…とまで考えるようになっていた私が、今は嘘のように息子の成長を楽しめるようになりました」

Ｋさんは、子育てコーチングを知るまでは「子どもをどうにかしよう」とばかり思っていました。子どもを変えようとしていたのです。

相手を変えようとしているうちは、子育てコーチングはあまり効果がありません。

でもＫさんは、「大事なのは『私』＝ママが幸せであること」ということが腑に落ちたというのです。感情の波はあっても気持ちをフラットにして、今を大事にすること。もちろん子どもも大事ですが、自分の気持ちを大切にすることが、子どもの成長にとって一番プラスになるのだと気が付かれました。

子どもが味噌汁をこぼしたとしましょう。

「何やってるの、ちゃんと持たないからでしょ～」

とイライラして叱る日もあれば
「大丈夫、大丈夫！」

と優しく声をかけられる日もあります。起きた出来事は同じでも、自分のご機嫌次第で子どもへの声掛けも対応も変わってきてしまいますよね。

だから、イラっとして怒鳴ってしまった日は「今、私はイライラしています」

と認めてあげます。イライラしたことを、ダメなことにしないのです。「イライラしちゃうよね～」と認めて、自分の感情の味方になってあげます。「こう何度もこぼされたらイライラもしますよ」「イライラしても当然ですよ」と、自分の感情を擁護してほしいのです。

そして、そのイライラの本当の原因は何だったのかを見つけます。この場合、「味噌汁をこぼされてせっかく掃除した部屋を汚されてがっかりした」なのか「何度も同じ失敗をする子どもに困っている」なのか、怒りの前の自分の感情を丁寧に探すようにします。

この「がっかり」「心配」「困る」「悲しい」という気持ちが第1次感情と呼ばれる感情です。そして怒りとは、それらの後に出てくる感情なので、第2次感情と呼ばれています。また、第1次感情は私の感情。第2次感情は相手への感情とも呼ばれています。

私達はつい「怒り」という感情にフォーカスして、怒らないようにしようとしがちですが、「がっかり」「心配」「困る」「悲しい」という気持ちを大切に感じて、その気持ちを言葉にして伝えたほうがいいのです。

「私は、せっかくきれいに片付けたダイニングに、味噌汁をこぼされて汚されてがっかりした」と、自分の本心と向き合って、それを言葉にして子どもに伝えるようにしましょう。そうすれば、むやみに子どもを怒鳴ることも少なくなります。

怒りをぶつけるのではなく、その根底の気持ちを伝えるようにしよう。

12月
7

子どもは家のお手伝いで育つ

私は結婚前、故郷美唄で幼稚園の先生をしていました。この本を書くにあたり、以前勤めていた幼稚園に伺って挨拶をしてきました。

6月の初旬、美唄の駅を降り、駅の南東徒歩5分ほどのところに園舎はあります。

私が退職してすぐの頃に園舎は建て替えられており、懐かしいというより知らない幼稚園に行ったような感覚がありました。ただ嬉しかったのは、園庭の真ん中に、幼稚園のシンボルツリーがそのままの姿であったことです。

幼稚園で私は先生ではありましたが、保育やいろんなことを学ばせていただいた場所です。

カトリックの幼稚園だったので、毎週月曜日の夕方4時に先生達だけのミサをしていました。私はカトリック信者ではありませんが、神父様のお話を聴くのは嫌いではありませんでした。

当時、幼稚園ではモンテッソーリ教育をしていて、教具がたくさんありました。主任のシスターから何度もモンテッソーリ教育の教師になる研修に行くようにと誘われたのですが、当時の私はなぜか乗り気でなくて、ちゃんと勉強することはありませんでした。今となっては悔やまれます。

1年中モンテッソーリ教具を使って保育を行っていました。北海道の12月はまだ雪が積もってもおらず、外遊びを活発にしにくい時期です。そして、クリスマス会の準備や練習やらでお部屋遊びが増えます。そんな時によくやっていたのは、「縫いさし」という遊びです。特に女の子は好きなモンテッソーリのお仕事です。でも、意外と男の子のほうが丁寧にやっていました。

モンテッソーリ　縫いさしの遊び方

準備する物

・色画用紙
・毛糸
・針（刺繍用またはゴム通し用など）
・きり
・段ボール紙
・サインペン

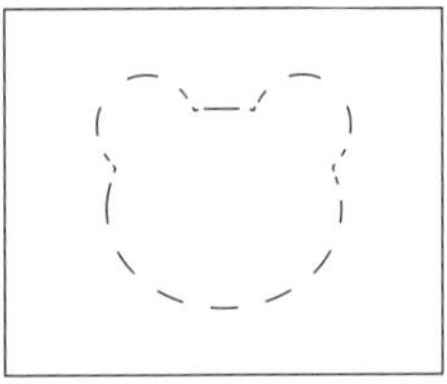

作り方

・色画用紙を適当な大きさに切り、サインペンで絵を描く

・描いた絵の、穴を開ける位置にしるしをつける
・穴のしるしの数は偶数にする
・穴のしるしの間隔は子どもに合わせて1cmから1.5cm
・段ボール紙などの上で、色画用紙に穴を開けていく
・針に毛糸を通し、糸の両端をかた結びする
・図案の描かれた色画用紙を裏返し、裏側の穴から針を通す
・通常、大人は表を向けたまま裏から表に針を通すが、裏返して裏から表に針を通す
・表に返し、針を引く
・次の穴に針を通し、裏返して針を引く
・最後まで縫ったら糸を止める
・でき上がり

「縫いさし」の他にも、モンテッソーリ教育には、生活の中にある家事や仕事から学ぼうという考え方があり、編み物や調理など、積極的にできる環境を作っていました。

ところが、いざ我が子を育てる段階になって、ここでの学びを活かしきれない出来事が起こりました。

長女が小学6年生の時のエピソードをお話しします。私は出かける用事があったので、長女に「夕飯に、カレーを作るよう」に頼みました。私は、それまでも芋の皮むきはさせていたし、できるだろうと思っていました。

帰宅して、キッチンへ行ってみるとカレーはでき上がっていました。

「作ってくれたんだね～ありがと～」

しかし、食べてみると…イモやニンジンが中まで火が通っておらず固いのです。

「どうやって作ったの?」

「イモやニンジンを切って、カレールーを入れたよ」

私自身は長女だったこともあり、幼い頃から家事手伝いをたくさんしてきました。そのおかげで、鮭もイカも若いうちからさばけましたし、今でも家事が面倒ということはないのだけれど、その反動なのか、娘達には「どうせ大きくなったら嫌でも家事をしなくてはいけなくなるのだから」と、あまり手伝いをさせてこなかったのです。

カレー作りについても、「野菜の皮をむく」ことや「カレールーを入れる」ことはやらせていたけれど、「煮る」ことを教えていなかったのです。せっかく長年モンテッソーリ教育を学んできたのに、自分の子育てには活かせないという大失態です。

ですので、ぜひ皆さんにはお子さんにお手伝いをさせてほしいのです。「やりたい！」と子どもが言ったことを、「やれる環境」を作って「やらせてあげる」。これが一番の教育じゃないのかなと思います。

お手伝いで子どもは育ちます。

12月
15

子育ては仲間としよう

昔、私が子どもの頃に観ていた「ケンちゃんチャコちゃん」というテレビ番組で、主人公のケンちゃんがお正月に凧揚げを半ズボンでしているのを観て、子どもながらに「冬でも半ズボンがはけるなんていいなぁ」と思ったことがあります。

私は、阪神淡路大震災後の3年間、主人の転勤で神戸に暮らしたことがあります。神戸に住んでみて一番驚いたことは、冬でも自転車に乗れるし、公園で遊べることとです。家の構造や暖房機器は北海道のほうが暖かいですけれど、冬でも屋外で遊べて「こういう環境だから子どもの運動能力も高くなるのかな」と思ったことがあります。

神戸時代の子ども達は、毎日学校から帰ってきたらすぐに宿題をやります。お友達も宿題をやってから公園に集まるので、慌てて公園に行っても誰もいません。なので自然に、帰宅後すぐに宿題をするという習慣が身に付きました。

宿題自体も難しいものではなく「国語の本の音読と算数のワークブックを2ページ」するだけなので、20分くらいでできてしまいます。

算数は、学期ごとにワークブックが1冊あり、ワークブック自体には書き込まず、問題をノートに書き写して解いていきます。ワークブックは薄い厚さなので、1日1ページから2ページもやればあっという間に終わってしまいます。1回解き終わったワークを、繰り返しノートに写して解くのです。2回目にやるときは、やったことがある問題なので楽々解けます。1回目で間違ったところも、2回目にやるときは「ここは間違ったところ」だと意識するので、間違わないように問題を解くことができます。

こんな感じで、お友達もみんな帰宅したら同じ宿題をやって、公園に集合するのです。公園に集合したら、一輪車に乗ったりただ走り回ったり、思いっきり遊んでいました。生活にメリハリがありました。

神戸では素敵なピアノの先生にも出会いました。ゆきこ先生は、バレーボールの選手だったのだけど、怪我をしてしまったためにバレーボールを続けられなくなって、幼い頃から習っていたピアノを教えることにしたのだそうです。

有名なアーティストのCDに参加したことがあるゆきこ先生を、近所のお友達数人でお呼びして、それぞれの自宅でレッスンをしていただいていました。

毎週、姉妹2人のレッスンの後に、ゆきこ先生が子ども達が聴きたい曲を1曲弾いてくださいました。ある時はアニメ主題歌、ある時はショパン…毎週リサイタルを聴いているような贅沢な時間でした。娘達は、ゆきこ先生が大好きで憧れの存在でした。

3年間神戸で暮らして、北海道に帰ってきたとき、娘が「環境って大事だね」と言ったことがあります。子どもながらに、「みんなが宿題をする環境」「外遊びをする環境」「生の音楽を聴ける環境」がどれだけ大事な環境だったのかを実感したようです。

震災後の大変な時期ではありましたが、私達親子は神戸での3年間でいろんな体験をさせていただくことができました。

環境を作るためには、1人では挫けてしまいそうになります。環境を作れたのは、みんなの力が、協力があったからです。仲間同士で「宿題をやってから遊ばせよう」「ピアノを習おう」と助け合って励まし合っていました。

あれから20年以上経ちますが、大事な仲間に出会えたことを嬉しく思います。

仲間と環境を創ろう。

12月
31

大晦日

神戸の冬休みは、クリスマス頃からの2週間。北海道の冬休みはクリスマス頃から3週間半くらいあります。冬休みは、夏休みよりも宿題は少ないしお正月もあって、子ども達はワクワクです。

この時節におススメなのは、年賀状です。今はネットで新年のあいさつを済ませてしまいがちですが、子ども達にはお世話になった方への年賀状を書くという風習も伝えていきたいことです。

印刷でもいいですが、一筆「今年もよろしくお願いします」と生の字が書かれていると、なんだかほっこり嬉しくなります。便利になるのはよいのですが、全てを合理的に行うのはちょっとどうかな～と思います。面倒だけれど、その時間と手間をかけることの大切さも、親から子へ伝えていけたら素敵だと思います。

そして年末には、1年を振り返ってうまくいったことをまとめてみるといいですよ。とかく人間はマイナス思考になりがちです。1年間の失敗や後悔は思い出そうと思わなくても浮かんできてしまいますから、年末には1年間の「うまくいった10大ニュース」を家族で伝え合うのもいいですね。

我が家も子ども達が小さい頃は、今年のよかったことを伝えあっていました。そういえば最近はしていなかったわ！　今年の年末は「本を出版できた」と家族に言えると思うと、感謝の気持ちでいっぱいになります。

年末は家族で10大Good newsを発表しよう！

というエピソードを後日私に送ってくださいました。

私は、いつも通りにお話ししただけですが、「コーチングってすごいなぁ」と感動した瞬間だとおっしゃってくださいました。

その後もＹさんはたびたびコーチング講座に参加してくださって、今年は半年間のグループコーチングでご自身の本当の望みを探求し、念願のマイホームを購入しました。

「思い切って一歩踏み出す勇気をもらえたことを感謝しています」と言っていただきましたが、私からすると、考えて、行動して、成果を出されたのはＹさん自身だと思っています。クライアント力が高いＹさんだからこその結果だと思います。

Episode3
失敗した時、なんて言う？

ワーキングマザーのＹさんは、仕事の休みの合間に子育てコーチングの講座に来てくださいました。私の講座でＹさんが話してくれた中で、一番心に残っているのは、子どもの失敗を怒りすぎちゃった時の話です。

よく落とし物をする長女のＡちゃんが、またまた折りたたみ傘の袋を落としてきてしまいました。

Ｙさんはつい「手に持ってるから落とすんでしょ！　ちゃんとバッグにしまわないから！」と小言を言いすぎてしまったそうです。

Ｙさんは、「あーしまったー」と反省しました。

この話を聞いた時、私は「ふんふん」と頷いて、「じゃあ、次、同じことがあったら、娘ちゃんになんて言う？」と質問しました。

Ｙさんは「失敗したなー」って気持ちが大きくて「次にどうする？」という視点は全くなかったようです。なので「次どうする？」と聞かれた時は衝撃だったそうです。

そして、「こうした方がいいよ」「ああした方がいいよ」というアドバイスではなく、「次はどうする？」と問われて、自分でどうするかを考える方が、しっかり心に残るのだなと気づかされた、

冬

WINTER

冬は今まで蓄えた栄養をいったん自分の中で消化して
次のステップを踏み出す準備の時期。
いろんなことを学んだら、1回は試してみましょう。
三日坊主でもいいから、新しいことを聞いて知ったら、
1つでも行動に移してみましょう。
三日坊主も、毎月やれば力になります。
「しっている」を「している」に変化させましょう。

1月 1

お正月

「一年の計は元旦にあり」と言います。新しい年を迎えたら、どんな年にするか家族で話し合ってみましょう。私のおすすめはワクワクリストとドリームコラージュです。

ワクワクリストの書き方

❶ 8分野に分類してワクワクリストを書きましょう。

①健康 ②仕事 ③家族 ④学び・スキルアップ
⑤経済 ⑥社会貢献 ⑦遊び・余暇 ⑧人格

（例）
「体重を減らしたい」
「月商アップさせたい」

「息子が○○高校に合格」
「TOEICに挑戦したい」
「毎月貯金する」
「今年はPTAの活動を手伝う」
「家族でハワイ旅行に行きたい」
「感謝の気持ちを口にするようにする」 など

とりあえず、「○○したい」「○○できますように」の文体でいいので、10個ずつ書いてみましょう。

❷ワクワクリストをもっと具体的にしましょう。

「いつまでに」「いつから」「いつ」と、期限や日時を書きましょう。そして、もっと具体的になるように「どれくらい」「回数」「数量」などの数値化をしましょう。誰と行くか、どこに行くかなど、「時・場所・人」についても具体的に。

そして、「○○する」「○○になる」と言い切る現在形の文章にします。

（例）

「6月末までに体重を60キロから55キロにする」

「年内までに月商100万円アップする」

「息子がK高校に合格するために、毎日心と体に優しいおいしい料理を作る」

「10月のTOEICに挑戦し、800点取る」

「毎月3万円貯金する」

「子どもの様子を見たいので、今年はPTAの広報活動を手伝う」

「12月の冬休みに家族でハワイ旅行に行くために、マイルを貯める」

「感謝の気持ちを口にするようにする」

このように書いてみます。

❸ワクワクリストの理由を考えましょう。

目標を書いたら、「なぜそれがしたいのか?」という目標のモチベーションとなる動機や目的を考えます。

（例）

「6月末までに体重を60キロから55キロにする」ならば、「なぜ、やせたいの？」と問いかけ、理由をもっと明確にするのです。「もっとおしゃれを楽しんでかわいい服が着たいから」という理由が出たとしたら、もう一段深掘りして「なぜそうしたいの？」と問いかけます。

「5キロ痩せてLサイズよりMサイズが着たいから」という答えが出てきたら、「私はもっとおしゃれを楽しみ、かわいいMサイズを着たい。6月末までに60キロから55キロに5キロ痩せる」というように具体的な文章に書き換えます。目的を明確にしたほうが、モチベーションが上がります。

❹方法を考えましょう。

さあ、目標ができたら、神様にお願いするだけではなくて、今日からできる小さな一歩を考えます。先ほどのダイエットを例にすると

（例）

「私はもっとおしゃれを楽しみ、かわいいMサイズの洋服を着る。6月末までに60キロから55キロに5キロ痩せる」だとしたら、今日からできる小さな一歩

を考えましょう。すぐにできそうなことのほうがいいです。

「今日は夜8時を過ぎたら食べない」「仕事をした日しかデザートを食べない」「スクワットを30回する」という風に、今日できることを考えて書きます。

ただ、「○○しない」という禁止文ではなく、肯定文で書いてください。というのは、脳は否定文を理解できないと言われています。

例えば、「赤いリンゴのことを考えてはいけない」と言われると、多くの方が「赤いリンゴ」を想像してしまうのです。考えてはいけないことを考えてしまうので、「食べない」ではなく「今日は8時までに食事を済ませる」「仕事をした日はデザートを食べてもよい」に変換しましょう。

❺本当にしたいか、心に問いかけましょう。

ここまで書いたワクワクリストを見直して、最後に「本当に？ これ本当に叶えたい？」と心に聴いてみましょう。というのは、無意識のうちに他者からどう見られるかという他者評価や、社会的な概念に囚われていて、本当に自分が望んでいる事ではない「ダミー目標」になっている可能性があるからです。

これを叶えた自分にワクワクするのか聴いてみます。

もしもダミーの目標だとわかったら、本来の目標ではないので、自分の気持ちがしっくりする文章になるまで考えましょう。

ドリームコラージュの作り方

ワクワクリストを作って本当に叶えたい目標が決まったら、ドリームコラージュ（目標を写真や絵などを使ってコラージュにしたもの）を作って、いつも見えるところに貼ります。

私は携帯の待ち受け画面にしたりしています。とにかく、毎日自分のワクワクを忘れないようにします。

毎年家族でドリームコラージュを作っている受講生さんがたくさんいます。凄いのは、高確率で夢を叶えているところです。ぜひ作ってみてください。

お正月にドリームコラージュを創ろう。

1月15

成人の日

「子育てのゴールは何ですか？」と講演会で質問をすると、多くのお母さんが「子どもの自立」と答えます。では自立とは具体的にどういった状態なのかと問いますと「経済的にも精神的にも自立した状態」という答えをおっしゃる方が多いです。自分で稼いで、精神的に豊かで、どんな状態でも幸せを見つけることができる人になることだという意見が多いです。

ある講演会でも「子育てのゴール」についてお話をしました。講演会の最後に、校長先生からの謝辞がありました。その中で校長先生は「子育てにゴールはない！」とおっしゃったんですね。私はハッ！としました。「え～なにを言うの～」

と思いました。子どもが1人の人間として幸せになるという意味が伝わらなかったんだな～と思って聴いていたのです。

でもよくよく話を聴いていますと、違っていました。校長先生が言いたかったのは、「子どもがいくつになっても親は子どもを心配するものだ」という意味で、親側から見た子育てにはゴールはないということだったのです。

実際、私も50歳を過ぎましたが、80歳に近い母からまだ「ちゃんとやっているのかい？」と心配されています。親というものはいつまでも子どものことを思っているということ。もう少し子どもを信じてくれてもいいよとも思いますが、これは親心というものなのでしょうね。

30年前、子育て真最中の時は、「○○ちゃんのママ」「○○さんの奥さん」と呼ばれるのに抵抗があった私ですが、今は、「○○ちゃんのお母さんなんですね」と言われることが、子育てのゴールであると思っています。

子ども自身が、人生の主人公として、仕事で成功するもよし、家庭をしっかり守るもよし、自分の人生を自分で選んで生きているようになったら、お母さんは「○○ちゃんのお母さん」と呼ばれることが誇りに思えると思います。

ただ、そうなった時にお母さん自身も、自分の人生の主人公になるように主体性をもって生きていかなければなりません。子どもが育った後に、空の巣症候群にならないように、子育て中から自分のこれからの道を考えておいたほうがいいです。

子育てのゴールは、親も子もその人らしく幸せを感じて生きていけることですよ。

子育ては親育てです。

1月29

学校に行きたくない

次女はとてもやさしい子です。学校でお友達がからかわれていると、本人はなんにも関係ないのになんだか悲しくなってしまうタイプの子です。私は、ちょっと敏感な子なんだと思って育てていました。

そんな次女は小学1年生から年に数回、学校に行きたがらないことがありました。コーチングを学ぶ前の私は、親は正しい道を教えなければならないと思っていたので、朝起きて「今日はおなかが痛いから学校休みたい…」と言えば、「どれどれ…」とおなかをさすって、「お薬飲んで寝てようか？」と応じたり、これは仮病っぽいなと感じたら「がんばって学校にいっておいで！」と叱咤激励して送り出す日もありました。

この頃は、親のほうが正解を知っていると思っていました。もちろん正しい方向へと導くことも大事ですが、子どもに本心を言わせない雰囲気もあったと思います。

次女が小学5年生の時に、私はコーチングというコミュニケーション手法を知り、相手のためと思ってかけた言葉であっても、相手のためになるとは限らないということや、相手が自ら考え行動したほうがよい結果になるのだということを、実体験を通してたくさん知りました。

次女が小学6年生の冬、久々に学校に行きたくないと言い出しました。コーチとして発展途上ではあった私ですが、「きたー！」と思いました。ここはじっくり娘と話をしてみようと思い、娘のベッドに2人で座りました。

「どうしたの？」

「今日はおなかが痛いから学校に行きたくないの」

「そっか…おなかが痛いのね。学校で何かあったのかい？」

しばらく沈黙があったのち、娘はぼそぼそと話し始めました。

「図工で…版画を…作っているんだけど…この前…男子に笑われたんだ…」

そう言うのです。よくよく聴くと、版画の彫るところと彫らないところを間違ってしまったらしく、今日もその続きの図工の授業があるので、また男子に笑われるんじゃないかと心配になって、お休みしたいというのです。

「そっか…間違ってしまったんだね。それは困ったね。で、どうしたいの？」

すぐに答えは出てこなかったけれど、しばらくして娘はこう言いました。

「Sちゃん（女の子の友達の名前）は、『そんなこと、気にするんじゃない』っていうんだけど、私ってそういうことが気になる性格なんだよ」

と困った顔をしたので、私は

「気になってしまうんだね。そう思ってもしょうがないけど…。あなたはどうしたいの？」

と、また聴いてみましたが、学校を休むというのです。

私もどうしていいのかわからなくなってきて、休ませたほうがいいのか、無理やり行かせても解決にはならない気がして、

「ママは大人だから何かあなたの手伝いができると思うんだけど、何かしてほしいことはある？」

と聴いてみたのです。そうしたら、私も思ってもいなかった答えが返ってきました。

「ママは、私の話を最後までちゃんと聴いてくれたので、それだけでいいよ。…今日は学校に行ってみようかな…」と。

私はびっくり！　私はてっきり「学校に休むって電話して」とか「新しい版画の板が欲しい」などと言うのかと想像していました。まさか「今日は学校に行ってくる」と言うとは思っていませんでした。そして、その日娘は学校に行って、版画の続きをやって、普段通りに帰宅しました。

帰宅した娘に、今日はどうだったのかと聴いてみたら、意外と平気な顔をして「ぜんぜん大丈夫だった。男子にも笑われなかったし…」って嬉しそうに話してくれました。

それから1カ月後、次女の小学校の卒業式に、その版画は「卒業制作の自画像」となって体育館に展示されていました。テニスクラブでテニスをしている姿の版画でした。卒業式でこの版画を見た時に、理由も聴かずに無理やり学校に行かせたりしなくてよかったと思いました。

子どもの話を遮らずに聴き、どうしたいのかを自ら考えて行動するように促せば、おのずと結果は見えてくるのではないでしょうか？

子どもの話を最後まで遮らずに聴いてみよう。

2月
13

チョコが来た日

我が家には、チョコというミニチュアシュナウザーの雄犬がいました。チョコが我が家に来たのは、2004年2月のバレンタインデーの前の日、だからチョコという名前になりました。

その数年前から、次女のクラスのお友達が軒並み犬を飼い始めました。娘は4年間、犬を飼ってもらいたくて事あるごとにプレゼンをしてきました。その頃私はまだコーチングというものを知らなかったので、「できない」「無理」という視点でしかものを考えることがありませんでした。悲しいかな、本当にそうでした。

ところが2003年秋にコーチングに出会い、コーチングの講習で知り合った志田コーチのコーチングを3回受けたことで、徐々に考え方が変わってきました。

専業主婦で、子育てとPTAが生きがいみたいな普通の主婦でしたから、最初はコーチングを受けると言っても、特に目標もやりたいこともありませんでした。

そんなセッションの中で、「やりたいのにできないでいること」について話をしたとき、次女がもう4年も犬を飼いたいと言っているという話をしました。

コーチは、飼うことのデメリットやメリットを整理整頓しながら聴いてくれました。できないという視点だけではなく、もしもできるとしたら——という視点でも質問をしてくれました。

これはやっていたようで、やっていない視点でした。探し物を「ないない」と思って探しても見つからないけれど、「あるある」と思って探すと見つかるのに近い感覚です。できない、無理、やっても無駄、話の出発点からこれでは、建設的な考えもアイデアも生まれません。

もしもできるとしたら？　うまくいったとすると？　話の出発点を少し変えるだけで、行き着く先が変わってきます。コーチングを受けるようになって、私のものの見方は180度変わりました。

思い返せば、チョコが我が家に来た年は長女が高校受験の年でした。後々、長女は「私の受験だったのに、よく犬を飼うことにしたよね～」と笑いながら話していました。犬を飼ってよかったこと、大変になったこと、それぞれいろいろありましたが、生き物と暮らすという体験は、子育てにおいて大きな意味があったと思います。チョコは私に新しい視点を増やしてくれました。

できるという視点で見てみよう。

2月24

もっと気楽に『まあいいか！』

子どもにイライラする、夫にもイライラするという方は多いようで、一時期「イライラしないママになる講座」がとても流行りました。その時も話しましたが、私は夫にはイライラするのですが、子どもにはあまりイライラしないのです。

それはどうしてなんだろう？と考えてみました。5月12日の項に書きましたが、長女は生後4カ月の時に先天性の心疾患と診断されました。

最初聞いた時は、健康に産んであげられなくてとっても申し訳ない気持ちだったり、なんで娘がこんな目に合わなきゃいけないんだろうという気持ちのほうが強かったです。

でも悔やんでみたところで病気が治るわけではないし、定期的に診察に行くと娘の診察時間5~6分に対して、20分も診察室から出てこない重度のお子さん達もいて、娘は軽度なんだな~と思うようになりました。

なので、寝返りができた、ハイハイできた、伝え歩きができた、1人でご飯を食べられた、入学した、なんでもありがたいな~~よかったな~と思うことが多くなりました。

何かあっても、その明るい面やよかった面を見るようになりました。

私はネガティブ思考の…、いえいえ慎重な夫から「お前は楽観的だね!」とか「めでたいね!」などと言われます。でも、不安になったり、イライラするより、ポジティブ思考でいたほうが、心が気持ちよいのです。

「もっと勉強ができたらいいのに!」とか「これもできたらいいのに!」などとは思わなくて、「このままで、まあいいか」と思うようになりました。

子どもに対しては、期待していないわけではないけれど、期待値が低いというか、ここまでできていればOK！という感覚でいられます。

きっとイライラする人は、相手に対して期待や理想が高い人です。「こうなったらいいな！」を「こうならないと大変だ！　困る！」と考える人です。

アメリカの心理セラピストのアルバート・エリスによって提唱された「ABC理論」によると、状況や出来事は思考（ビリーフ）によって解釈され、その結果として感情が誘発され、行動に影響すると考えられています。一般的には状況が直接感情に影響すると考えられがちですが、実は「どんな思考のパターンを持っているのか」というのが問題だったのです。

例えば、子どもが宿題をやらないという状況があった場合、ガミガミ怒る人もいれば、反対に子どもにわかるように説明しようと考える人もいます。何が違うかというと、どのような思考・信念・価値観のフィルターを通して見ているかの違いです。

私は長女が心臓病だったために、何があっても「お陰様」という気持ちでいられるようになったのかもしれません。何かあっても「まあいいか！」という思考なんでしょうね。

とはいっても主人に対しては、「まあいいか！」にはなれないんですけどね。

「ねばならない」を手放してみよう。

3月
3

受験コーチング③

受験コーチングでは、受験する本人だけではなく親御さんとのコーチングもしています。特に中学校受験は、本人以上に親御さんの日常が受験に影響するからです。

というのは、私も経験したのですが、受験はお母さんにとって「自分と子ども」を分けて考えることがなぜだか難しくなってしまうんです。頭では、受験は本人の問題だって十分に理解しているのですが、やたらと心配になってみたり、不安に感じたりするのです。

今は塾で、親に対して受験カウンセリングをしてくれるところもあるそうですが、塾に通わない受験生や、そういった相談システムがないところだと、親側の心配や不安を聞いてくれる場所がありません。

受験コーチングの親コーチングで、子どもにも話さない、ましてママ友にも話しにくい内容を話して整理がつくと、多くの親御さんは「自分と子ども」を分けて考えられるようになります。

子どもを地方に出す親の寂しさとか、今までの子育ての反省をする方もいます。そんな方々に寄り添って、「あなたの子育ては間違っていない」と背中をさすってあげるようなコーチングを心がけています。

子育ての成果は、学校のランクや就職先や収入ではありません。でも、受験は子どもが成長し、親も試される人生イベントです。自分と子どもを分けて考えるようにしましょう。

その問題は誰の問題か考えてみよう。

3月15

合格発表

子育てコーチングの講座に参加した、あるお母さんが深刻そうに「こんな私に育てられて、この子がかわいそう…まだ間に合いますか?」とおっしゃったことがありました。私は、「お子さんはおいくつなのですか?」と尋ねると「2歳です」とお答えになられました。たった2歳のお子さんなのに、「まだ間に合いますか?」と聞いてくるお母さんは、真面目で勉強熱心な方の多いのが特徴です。

お母さん自身が優秀なので、きっと学生時代は勉強がよくできて、お仕事もバリバリとこなし、それなりに成果を出してきたのでしょう。しかし、子育ては思ったようにはなりません。

せっかく畳んだ洗濯物を一瞬でぐちゃぐちゃにされるし、時間をかけて作った食事もちゃんと食べてもらえなかったり、自分の理想とかけ離れている事のほうが多いです。

でも、子育てに手遅れはないです。いつからでも、どこからでもやり直しはできます。

今日が人生で一番若い日です。「今日が一番ヤング」というと、お母さんたちは「今どき『ヤング』って古いです」と笑うのですが、今日気付いたら今日からできることをすればいいのです。

受験に限らず、失敗はいくらでも取り返しがつきます。そもそも子育てに失敗なんてないのではないかとも思っています。人はいくつになっても学び直し、育て直しができます。

育て直しに遅いということはありません。

3月 20

卒業式

親の役割は、子どもがやりたいと思うことをできるように手助けすること、サポーターに徹することです。

乳幼児期は、抱っこしてといえば抱っこをしてあげます。「ママこっちを向いて～見て見て！」と言えば、できうる限りその時に子どもに向き合ってあげます。幼い頃の、こういった自分の要求に親が応じてくれるという体験は、親子の絆を深めるだけではなく人間関係の基礎となります。自分の存在を無意識に認めることができるようになり、他者を信頼することができるといわれています。

でもついついい何かをしながら話を聴いたり、いい加減な態度をとってしまったりすることもあるでしょう。

講座ではお母さん達に、3種類の聴き方を体験してもらいます。1つめは、目を合わせず頷かず返事もしない聴き方のバージョン。2つめは、携帯を操作しながら話を聴いて相槌を打つバージョン。3つめは、子どもの目をしっかり見ながら話を聴くバージョンです。

お母さん達に、1つめから実際に体験していただくと、「聴いてもらっていない感じがする」「この人に話したくなくなる」「楽しい話も何を話していいのかわからなくなる」とネガティブな感想のオンパレードになります。

2つめの、携帯を操作しながら話を聴くバージョンは、「なんだか忙しそう、話をしてもいいのかな～とためらいがある」「いい加減な対応の仕方だけれど、普段このような態度をとっていると思う」「ついついこのような聴き方をしがちだ」と、まるで反省文のような感想になります。

そして、3つめの、子どもの目を見てしっかり話を聴くバージョンの場合はというと、「話が弾む」「もっと話したい」「相手のことが好きになる」というポジティブな感想が大半です。ただ、この3つめには「心に余裕がないとできない」という感想も多く述べられるのです。

3つめの聴き方がいいということは重々理解できるけれど、子育ての現場ではなかなかできていないというのが現状のようです。

それでも、「毎日10回のうち1回でも、3つめの聴き方をしてみてください」とお母さん達にお願いし、実践するようになると、その結果お子さん達が落ち着いたり、場合によっては不登校の子が登校できるようになった、という成果の報告もあります。

とにかく、お母さん自身が心の余裕を作って、できるだけ子どもの要求に応じてあげるほうが、後々子育てが楽になると私は思います。

小学生になっても、「抱っこ」と言ってくる時期は「もう○○生なんだから、甘えないの‼」と拒絶しないで、できる範囲で（子どもの体重が重くなるので無理しないで）抱っこしたり話を聴いてあげてください。

中学生になっても、友達の前では「おふくろ」と呼んでも、家の中では「ママ〜」と呼ぶなんていうことはざらにあります。子どもの心と大人の心を行ったり来たり、自立と依存を行ったり来たりして、子どもは大人になっていきます。

毎日毎日、昨日より数ミリ心も体も大きくなっているのだけど、日々の成長は目に見えにくくて、卒業式（卒園式）で、入学時（入園時）より成長した姿を見れば「大きくなったな〜」と実感するでしょう。人生の中で何度か訪れる卒業という節目は、子どもの成長を実感できる人生のイベントです。

1年前より成長したところはどこだろう。

3月30

幸せな1年

幼稚園の先生になった時に、「どんな仕事も1年、春夏秋冬を過ごしてみなければわからないよ！」と言われたことがありました。私もその通りだな〜と思って、最低でも1年は続けてみようと思ったことを覚えています。

子育ても、四季折々に楽しいことも苦しいこともあります。でも振り返ってみたら、どの時も素晴らしい瞬間だったと思うのです。

子どもが乳幼児の時は、乳幼児でなければ味わえない、みずみずしいお肌の感触やにおいに癒されたり、なんで泣いているのかわからなくて一緒に泣いたり。

少し大きくなって、お喋りが上手になって、最初のうちはどんな言葉も「上手ね〜」とほめていたのに、そのうち口答えするようになって腹が立ったり。勉強についていけるかしらと心配になって、ランドセル姿を後ろから見送った日も、どんな時だってお母さんは子どもを見つめていたでしょう。

思春期になって、口数が減って何を考えているのかわからなくなり、男女交際について話し合ったり、お母さんも1年1年成長して図太くたくましくなっていきます。

子育ては、己育《こそだて》てです。己（おのれ）を育てる、時間です。

子どもは師匠。親が子どもを育てているようで、実は親も子どもから育てられて、親にしてもらっているのだと思います。

この1年はもう二度と来ない1年です。

後で後悔しないように、しっかり子どもの目を見て、触れて感じてくださいね。

今を大切にしよう。

たそうです。

中学３年の部活の引退セレモニーの時、Ｓちゃんからの手紙に「お母ちゃんが、Ｓはできる！といつも言ってくれたから頑張れたし、最後の試合は、最高のプレーができました。いつも信じてくれてありがとう。」と書いてありました。

Ｍさんは、娘のＳちゃんには、「がんばれ！」と応援するとプレッシャーになりそうだと思い、極力Ｉメッセージで伝えるように意識をしていたそうです。

Ｍさんは、Ｓちゃんが２歳の頃から学んでいたコーチングで、「伝わる伝え方」を知ることができて、本当に良かったなと思ったそうです。

余談ですが、後日、Ｓちゃんのプレーを見ていたバレーボールの関係者の方から、「上川で一番力があるアタッカーだ！」と言ってもらえたと声を弾ませて報告してくださいました。

お母さんの、子どもを信じる力の素晴らしさと、お子さんに対して伝えていた言葉通りになる言葉の力の凄さを感じたエピソードです。

Episode4
伝わる伝え方って？

2008年頃、富良野のMさんからメールが来ました。Mさんは、2歳の女の子のお母さん。初めての子育てで不安なので、いろいろ学びたいと思い、インターネットで検索をしたところ私のブログに辿り着いたそうです。何度かメールのやり取りをして、一度お会いすることになりました。とても元気で前向きなMさんとすぐに意気投合して、富良野で子育てコーチングの講座を主催してくださるということになりました。

それから数年後、2歳だった娘さんも小学3年生になり、背の高い娘さんはバレーボールのチームに入り、アタッカーになりました。

中学生になっても、部活でバレーボールを続けていた娘さん。中学生になると、力の差がついてきたり、チームの要になる事にプレッシャーを感じたり、チームメイトとうまくいかなかったり——と、弱気になる時もありました。

そんな娘さんに、Mさんは
「S（娘さんの名前）は上川地域ナンバーワンのエースアタッカーになれるよ、おかあちゃんは信じてる！」と伝え続けました。たとえ、結果が出てなくても、この言葉を事あるごとに伝えてい

頑張っているお母さんへ

子どもの心を樹木に例えると、
タッチや抱っこなどの無条件の愛で根っこを張り、
毎日の健全な親子のコミュニケーションでたっぷり幹に栄養が行きわたります。
そして、今度はこの栄養を使って、子ども自身が自分の力で
花を咲かせ実をつけていけるようになります。
子どもが一本の大木になったら、子育ては終了です。
子育て中のお母さんに言いたいことは、
「今をもっと大事にしてほしい」ということ。
今日という日は、もう二度と戻ってきません。
だから今を、存分に楽しんでほしいと思います。

親が子どもをどう見ているか

長年子育てコーチングをやっていると、子育ては「親が子どもをどう育てるか」より「親が子どもをどう見ているか」が大切だと気付きました。

子どもに対して「まん丸フィルター」を通して見ているのか、「バッテンフィルター」を通して見ているのか、どんなフィルターを通してその子を見ているかによって、子どもの育ち方が違うということに気が付きました。

障がいを持ったお子さんを育てているAさんは、「まん丸フィルター」の持ち主です。そうするとお子さんも明るく元気にすくすくと育っているのです。どうしてこんなに前向きなのかなと感心するくらい「この子を授かって気付いたことがたくさんある」と言って、お子さんに感謝すらしているのです。

その逆に、Bさんは五体満足な体を持ち、どちらかというと裕福な家庭なのに愚痴をこぼし不満を言っています。ちょっとしたことも困った困ったと言う人です。世の中がグレー色に見えるようです。Bさんのお子さんも運動神経がよくて笑顔のかわいい子ですが、Bさんはお子さんに対して「もっとこうだったらいいのに」と、無いところばかりが目に付いて、つい言ってしまっているようです。

お母さんが子どもをまるごと認めてあげると、子どもは今以上に素敵な子どもに成長していこうとするものです。このフィルターは取り換えできます。「まん丸フィルター」になるためのワークをご紹介します。

まん丸フィルターワーク

あなたは社長という設定です。あなたは社長として、社員を安心させやる気を出してもらえるように対処する必要があります。

社員が「納品した商品が全部腐っていました」とか「クレームのあらしです」と、問題をいろいろと言ってきます。あなたは社長なので、社員に対してその問題を「それは良かった～〇〇〇」とこじつけでいいので安心させる言葉を言うのです。

「ああ～よかった！」と何があっても最初にそう言います。何があっても、です。

私もこの練習をすることで、昔は否定的でしたが、今では肯定的なとらえ方ができるようになったと思います。

ある受講生から「ふっちゃんは最初に必ず「いいね！」と言いますね」と言われたことがあります。自分では自覚していませんでしたが、全肯定する感覚は月日とともに身に付いてきていると思います。

まん丸フィルターを通して見よう。

モヤモヤした気持ちを放っておかない

お子さんやご主人に、もしも「イライラ」としたり「モヤッ」としたら、あなたの心の黄色信号です。何に「イライラ」としたのか「モヤッ」としたのかを少し深掘りして、自分の心に聴いてみてください。

最近「イライラ」したことは何ですか？　ちょっと本を読む手を止めて、書いてみてください。箇条書きでもいいですし、なんなら文字でなく絵でもマークでもよいです。11月27日の頃にも書きましたが、大切なことなのでここで復習です。

先日同じワークをしていただいたお母さんは、「毎朝学校に行く前の用意が遅くてイライラする」「金曜日に出さなきゃいけない学校の出欠確認を、連休明けの火曜日になって学校からLINEで「出られる?」って聞いてきた。ちゃんとプリント出さないからじゃないか〜」と日ごろのイライラをぶつけるように書いていました。

書いた用紙を見て次にすること。「なぜイライラしたのだろう?」ということを考えていただきたいのです。

「毎朝学校に行く前の用意が遅くてイライラする。」↓なぜイライラしたのだろう?「毎朝、ゆっくり朝ご飯を食べてほしい。慌てて学校に行く途中に事故にでもあったら心配」

「金曜日に出さなきゃいけない学校の出欠確認を、連休明けの火曜日になって学校からLINEで「出られる?」って聞いてきた。ちゃんとプリント出さないからじゃないか〜」↓なぜイライラしたのだろう?「出欠の確認を出さないと先生が困る。私だって予定を組む都合がある」

このように自分の本当の気持ちに気が付くことが重要です。つまり、本当に感じたこと、伝えたいことは「怒り」ではなくて「心配」「悲しみ」「期待」だったわけです。そして、本当に伝えたかった言葉は、子どもへの「愛」なのだと私は思います。

怒りという感情は、第2次感情と呼ばれています。物事が起きた時に、2番目に出てくる感情です。1番目に出てくる感情は、先にも出ましたが「心配」だったり「悲しみ」だったりするんですよ。

私達は、子育ての忙しさのあまりこの第1次感情を置き去りにしていることが多いんじゃないかと思います。

第1次感情である「こうしてほしかった」「こんな気持ちなんだ」を飛ばして「イライラ」や「モヤッ」をぶつけるのは、もうやめにしましょう。

親だって1人の人間です。完ぺきではないんです。未熟なところを含めて、あなた自身もまるごと認めてあげてくださいね。お母さんが自分の気持ちを大事にすることが、お子さんの健やかな成長には一番大切なことです。

モヤモヤすることは
本当に大事にしたいことの種。

子育ては1人でしない

特にキャリアの高いママや、1人で何でもこなして仕事をしてきたようなママは、子育ても1人でしなければならないと思うようです。

そもそも子育てとは、昔から村や集落の仲間とするようにプログラミングされています。

昔、男性は狩りに出て食料を獲得するのが仕事、女性は男達が狩りに出ている間、子ども達を守るのが仕事でした。女性達だけで集まって食事の用意や子どもの世話をしていたと言われています。

現代は少子化で核家族、夫の帰宅が遅く実質母子家庭状態、ワンオペ育児などと言われるようになりました。子育てする環境は1人で育てる「弧育て」になってきてしまいました。

だからこそ、もっとお母さん以外の人の手をたくさん借りて子育てをしましょう。身近に頼れる親や親戚がいる方も、市町村の子育て支援のサポートや民間の支援機関を活用しましょう。

自分の子どもを「自分で見なくちゃ」と思う真面目さ、頑張りはとっても素晴らしいと思うけれど、「もう駄目だ～無理～」という時は、白旗を上げて助けを呼んでもいいんですよ。

日本では子どもに「人に迷惑をかけてはいけないよ」と教育しますが、インドでは「お前も人に迷惑をかけているのだから、人の迷惑を許してあげなさい」と教えるそうです。

お母さん自身がもっと人を信頼して、頼んで、迷惑をかけて、感謝している姿をお子さんに見せることも、その逆に他者から頼み事をされて、迷惑をかけられても許し手伝う姿を見せることも、どちらかだけではなく両方を見せてあげることが大事なのではないかと思います。

私も子育て中に、近所のママ友に子どもを預けたり、預かったりしていました。

習い事の送迎も、できる人が行くスタイルの時もありました。

みんなで子育てをしていく雰囲気を創っていきましょう。

子どもはママの笑顔と背中を見て育つ

ここまで書いた方法や考え方をどんなに駆使しても、親の「あり方」が伴わず、表面的な技術だけであれば、子どもには「親に操作される」と思われて終わりです。

私もコーチングを学んですぐの頃は、気持ちの奥底に「コーチングで子どもをやる気にさせてやろう」という邪な気持ちがありました。そういう気持ちは子どもにバレバレで、次女から「コーチングならしないでください」とピシャっと言われたこともあります。

ある高校で「子どものやる気を引き出す」をテーマに講演をさせていただいた時、

参加しているお母さん達に「あなたがやる気になった時はどんな時ですか？」という質問をしました。

その時、答えが思い浮かばずに書けないお母さんが「私がやる気がないのに、子どもにやる気になれって言っても無理ですよね～」とつぶやきました。

そうなんですよね。子どもは親の背中をよ～～く見ています。受験コーチングでも、普段口には出さないでしょうが、子ども達は親の仕事に対する姿勢や思いやパッションを感じていて、そういう親のことを尊敬しています。

お母さんの仕事は、笑顔と背中を見せること。かもしれませんね。

子どもは
笑っているお母さんが好き。

あなたはあなたのままで素晴らしい

どんな時だって、お子さんのこと、家族のことを一番に考えていたでしょ？ 眠たい目をこすり授乳しおむつを替え、自分の食べたいものより子どもが食べたいものを作ったでしょ？

自分の洋服を買わずに、子どものジャージを買ったでしょ？

子育ても家事も、やって当然ではないです。いろんなものを諦めて、我慢も必要だったはずです。

でもね、それはイヤイヤしたことではなく、あなたの愛から始まっているのです。

自分を認めてください。自分も愛してください。Lovemyself

子どもの機嫌をとる前に、自分自身が満たされてご機嫌でいられることを思う存分してください。そうしたら自然に目の前にいるお子さんに優しくなれます。

小さい時から「ね〜見て見て」と送った視線の先に、お母さんの笑顔があったなら、その子は自分は愛されていると思って育ちます。私はこれでいいんだな〜と思って育ちますよ。

逆に、いつも目を送ると辛そうなお母さんを見ていると、子どもは「世の中は楽しくないな～」って感じると思うんです。

だから、今日からニコニコハッピーお母さんでいるために、自分はこれで丸って花丸つけて、自信をもって子育てや家事をしてください。

ちょっとくらい間違ったって、子どもの愛のほうが大きいので、謝ったら許してくれます。

だから子どもが間違った時も許してあげてください。大目に見てあげてください。

日本中の子育てしている人が、自分を愛して、子どもの夢を100％応援できる世の中になりますように…。

あとがき

この本を書き始める時、「スキル本にはしない！」、これだけ決めました。

私が伝えたいのは、子育てコーチングのノウハウやスキルではありません。

私が一番伝えたかったことは、「あなたの子育ての答えはすでにあなたの中にある」ということです。そして、お母さんにはお子さんへの「無条件の愛」があることを思い出してもらいたいと思っていました。

お母さんはお子さんのことが大好きですし、もっと幸せになってもらいたいと思っています。そして、子どものためによい子育てをしたいと思っています。だからこそ、自分の子育てがこれでいいのかと迷ったり、これでOKだと確認したくて、本を読んで最新の子育て情報を得ようとします。

でも、残念ながらあなたの家庭の子育ての答えは、どの本にも載っていません。私の経験やコーチングのスキルは参考になるかもしれませんが、あなたの子育ての答えは、すでにあなたの中にあります。

子どもをよく見て、子どもの話を聴いて、子どもに触れて、子どもからのメッセージを感じていれば、今必要なことが伝わってきます。

表情や声の調子、様子でなんだか変だな~と気付くことはありませんか？　足音だけで子どもの今日の機嫌がわかったりしませんか？

お母さんは、子どものためなら何でもできるすごい力を持っていると私は思っています。答えを外側に求めなくても、もうあるんです。

子どもを変えようとしなくても、あなたの見方が変われば、子どもが味方になってくれます。

この本を書くにあたり、今までの受講生の皆さんに感想やエピソードの協力をお願いしました。ご協力いただいた山本梨沙さん、曽我部友紀子さん、福富絵玲奈さん、工藤恵里さん、齊木有希子さん、藤川恵美さん、松下寿美枝さん、他にも名前は載せませんが多くの方が協力してくださったおかげでこの本ができました。本当に感謝の気持ちでいっぱいです。ありがとうございます。また、編集の古川奈央さんには、私の執筆中に父が倒れたり母が交通事故に遭ったりして何度も原稿が止まってしまったのに、いつも優しく声をかけていただきました。本当にありがとうございました。

そして、いつも心から応援してくれる夫と2人の娘たちに感謝します。

最後までお読みいただきありがとうございます。

北海道No.1子育てコーチ　石谷二美枝

石谷二美枝《いしたにふみえ》

北海道美唄市生まれ。短大卒業後、幼稚園教諭として勤務。モンテッソーリ教育に携わり、年中・年長の担任をする。結婚後、幼児教室講師として右脳教育に携わる。出産を機に専業主婦となり、地域で子育てサークルを立ち上げるなど親子の交流の場づくりをする。２００４年よりコーチングを学び、フリーランスで起業。北海道で１人目の子育てコーチとなる。２００７年２月全課程修了・２０１４年株式会社コーチングプラス代表取締役就任。パーソナルコーチングの実績は３００人以上。現在はパーソナルコーチングのほか、各学校にて研修・講演多数。母親向け・教員向けの人材育成・コーチングや受験コーチング、メンタルトレーニングなどをテーマとしている。

365日《にち》笑顔《えがお》でいたい！

母《はは》と子《こ》のための子育《こそだ》てコーチング

2020年2月29日　初版第1刷

著　者　石谷二美枝
発行人　松崎義行
発　行　みらいパブリッシング
〒166-0003 東京都杉並区高円寺南4-26-12 福丸ビル6F
TEL 03-5913-8611　FAX 03-5913-8011
企画協力　Jディスカヴァー
編集　古川奈央
ブックデザイン　洪十六
発　売　星雲社（共同出版社・流通責任出版社）
〒112-0005 東京都文京区水道1-3-30
TEL 03-3868-3275　FAX 03-3868-6588
印刷・製本　株式会社上野印刷所

ISBN978-4-434-27211-0 C0037